· 当代名家论语丛书 ·

曹顺庆◎主编

李怡
论诗与史

李　怡◎著

中国社会科学出版社

图书在版编目（CIP）数据

李怡论诗与史/李怡著．—北京：中国社会科学出版社，2022.11
（当代名家论语丛书）
ISBN 978 - 7 - 5227 - 0547 - 7

Ⅰ.①李… Ⅱ.①李… Ⅲ.①社会科学—文集 Ⅳ.①C53

中国版本图书馆 CIP 数据核字（2022）第 154082 号

出 版 人	赵剑英
策划编辑	孙　萍
责任编辑	刘凯琳
责任校对	郝阳洋
责任印制	王　超

出　　版	中国社会科学出版社
社　　址	北京鼓楼西大街甲 158 号
邮　　编	100720
网　　址	http://www.csspw.cn
发 行 部	010 - 84083685
门 市 部	010 - 84029450
经　　销	新华书店及其他书店

印　　刷	北京明恒达印务有限公司
装　　订	廊坊市广阳区广增装订厂
版　　次	2022 年 11 月第 1 版
印　　次	2022 年 11 月第 1 次印刷

开　　本	880×1230　1/32
印　　张	7.375
字　　数	141 千字
定　　价	48.00 元

凡购买中国社会科学出版社图书，如有质量问题请与本社营销中心联系调换
电话：010 - 84083683

总　　序

　　学术的传承离不开"话语"，中外皆然。所谓"话语"是指文化思维和言说的表述方式和言说规则，具体地存在于学者的著述之中。可以说，每位学者都有一套自己的话语，以此形成自身的研究特色，并不断产生新见，推动相关领域的发展。文脉道统之赓续的一个重要方面，就是这种话语言说的传承。自古迄今，东西方都有格言金句式的语录体和对话体经典。在中国，《论语》是比较纯粹的格言金句式的语录体，《孟子》《庄子》则进一步朝对话辩论体发展。以《论语》为例，若没有孔门弟子及再传弟子的记录，孔子与其弟子在言谈中形成的"仁""礼"等儒家话语就无法流传后世。与此相类，西方有《柏拉图对话录》，以记录对话的方式集中保存了苏格拉底和柏拉图的格言金句和哲理话语；也有《歌德谈话录》，是歌德研究不可绕过的经典文献；尼采、本雅明、麦克卢汉、波德里亚更是将此格言金句作为其理论运思和表达的主要方式。凡此种种，无不对人类的学术传承产生了重要影响。

我常说中国古典文论的特征之一是以少总多，三言两语却意蕴无穷。相比于博喻酿采、炜烨枝派的缛说繁辞，简言以达旨、文尽而意有余的表达在文论众家眼中拥有更高的格调。"谁言一点红，解寄无边春"，这就是格言金句的魅力。它言简意赅，总能在超越繁复说辞的简洁中发出耀眼的光芒，穿透厚重的历史，照亮当代，启迪人心。我认为，领悟无需话语多，精华一语胜千言。"金句"正因为"少"，才更容易被人们记住，也才拥有更为持久的生命力。

基于以上理念，我们编选了这套《当代名家论语丛书》，试图将每位学者的著述精华与格言金句集于一册，以期最大限度地凸显其价值。因为这套书是各位学者思想观点的摘录汇编，所以可为相关领域的研究者提供参考之便。但本丛书不完全是学术专著，在方便学界同人交流之余，我们更期待这些话语能和学术之外的广大读者相遇。高校不应当是封闭的象牙塔，学者不应当是与世隔绝的孤家寡人，知识也不应被局限在某个小圈子内部，我们尽量将繁冗的论述转变为精简直接的格言金句，呈现为鲜明易懂的观点，目的也在于此。我们并不认为精密深邃的理论论述无关紧要，但是在面对大众的非学术语境下，精简论述也意味着减少与大众的隔阂和推进学术与人民的贴近。

本丛书首批书目包括《曹顺庆论中国话语》《赵毅衡论意

义形式》《金惠敏论文化现象学》《李怡论诗与史》《龚鹏程论中华文化》五种，它们集中了这些学者各自研究领域中的关键论题与思想闪光，一定程度上是他们步入学界至今的总结。以后还会有众多名家的论语著作在本丛书出版。当然，说学术"总结"并不完全准确，因为每册书所展现的，仅仅是该学者研究的一个侧面，而且，说"总结"也为时尚早，学术不断向前发展，学者们今后肯定还会精进不懈，新见迭出。取"当代名家论语丛书"之名，目的是思摹经典、祖述前贤，以语段摘录的形式论列学术论著之话语，展示管窥蠡测之见，希望能以这种形式提升思想观点的传播力度、扩展学术传播的范围，最终推动学术在学界内外的传承。

　　这套书的面世，少不了参与学者的积极配合，少不了选编者的耐心摘录，也少不了本丛书助手李姓的细致工作，少不了中国社会科学出版社的大力支持，谨向这些同人学友表示衷心感谢。至于丛书是否达到了我们预期的目的，还有待读者朋友的检验。既然是摘录，难免有些观点存在割裂之感，万望学界同人及读者谅解，疏漏之处，恳请指正。我们期待与学界诸君和广大读者交流，达成对话，因为对话是推动学术进步的真正有效方式。

曹顺庆

2022 年元旦于成都锦丽园寓所

自　序

　　真的思想都是在片段中产生的。我们的"论文"长达万字以上，但是，平心而论，并不是字字珠玑，那是"少部分的思想"和"大部分的对话的铺陈"共同构成的。当然，为了实现对话的有效性，这些"铺陈"是必需的，是我们实现思想建筑的地基和平台，但是应当承认，它们却不是闪光的思想本身。思想是暗夜中的闪电，是黎明时分最初的那一线光芒，是在比宇宙大爆炸最初的几秒钟更早的时候，核聚变形成的氘、氦和锂，来自那第一批原子形成时所释放出的能量……这些才是最耀眼的精神的流星，它迅速划过漆黑的长空，赋予我们真正的惊悸和震动。没有了这些稍纵即逝的闪光，其他的铺陈也就失去了意义，不过是无聊的饶舌而已。

　　这就是说，我们，这些高校生活的所谓"学人"，在这一生中，实有可能留下太多的文字的铺陈，甚至是无聊的饶舌，而思想只是其中的小小的片段。

我珍惜的就是这些片段。所以，当金惠敏先生提出创意，曹顺庆先生积极组织这样一套专摘思想的"语录"之时，我感到有点兴奋，它让我们那些零零星星的思想有了"去粗取精"、悄然录存的机会。尽管他们本身也是如此的简陋，如此的幼稚，但是，终于有了这么一个契机，让我们可以相对轻松地依窗而坐，在一个有阳光的下午，静静回看那些精神的浪花，这是翻阅着自己，翻阅自己某些超越的瞬间。

按照丛书的体例，需要寻找一位年轻的学者来翻检那些过往的冗长的文字，从中洗洗涮涮，排除铺陈的多余，留下少许的值得咀嚼的思想。我找到李俊杰兄，他是一位忠厚的文献爱好者、研究者，因为忠厚，才有耐心来阅读那些良莠并存的"论文"，从中挑选出值得保留的部分，现在想来，实在是难为他了！

鲁迅在《写在〈坟〉后面》里自称："我并无喷泉一般的思想，伟大华美的文章。"又在《华盖集续编·小引》中说："这里面所讲的仍然并没有宇宙的奥义和人生的真谛。不过是，将我所遇到的，所想到的，所要说的，一任它怎样浅薄，怎样偏激，有时便都用笔写了下来。"鲁迅尚不曾以深刻的思想者自居，何况我们！因此，李俊杰兄费时耗力所搜集、所摘录的，我在这里还有点自恋的，其实不过就是一些粗糙草率的"念头"而已，更多的意义可能就是自我鼓励、自我安慰吧！

李　怡

2021 年 10 月于长滩居所

目录 CONTENTS

我的故事

尘海苍茫沉百感。

——鲁迅

1987 年，我怀着惴惴不安的心情把一篇《李金发片论》投向了《中国现代文学研究丛刊》，大约正是从这一时刻开始，我那灿烂一时的"作家梦"逐渐淡远了，另一条所谓的"学术之路"开始在脚下延伸。

——李怡《中国现代新诗与古典诗歌传统》

　　我曾经在某次访谈中粗略谈到过家庭环境的影响问题，其实我们这一代人与中国现代文学作家相比有很大的区别。那个时候，很多作家有深厚的家学渊源，或者多少也有着相当的文学基础。而我们这一代人，我将其称为"荒芜的一代"。由于经历过"文化大革命"，出现了文化的断层，普通老百姓基本上难以有接触到经典的文学艺术或社会科学著作的机会。这也就是我所谓的"荒芜"感受的原因。

　　我的父母都是机械工程师，与文学毫无关系。现在回想起来，如果说我的文学热情和爱好与家庭环境有什么关系的话，那么可能主要来自两个方面。一个是我的舅舅。他是一位优秀的中学数学教师，逻辑性和表达力可以说十分出色，能把复杂而枯燥的数学问题用生动形象的方式讲授给学生。同时我的舅舅也是文学爱好者，他的小说阅读量很丰富。在我童年时期，他经常向我讲述中国古典小说中的故事片段，比如《三国演义》《西游记》等。可以说，我的文学启蒙和文学兴趣，就是在听舅舅讲故事的过程中被培养起来的。等我成长到自己可以独立阅读书籍的年岁，最初引起我兴趣的是连环画或者说"小人书"。家人将"小人书"作为对我的奖励，我自己也把平时买冰棍的零用钱和过年时候的压岁钱攒起来，每月能够购买一两本新的"小人书"。由于当时这种书的价格便宜，大概几分钱到一角钱，也就是攒两根冰棍的零钱就能买一本，这为我童年时期的大量阅读提供了可能，比如我最初对于《三国演义》的阅读就来源一整套"小人书"。我对"小人书"的阅读习惯一直保持到中学阶段。20世纪70年代初期，由于当时掀起了"评《水浒》批宋江"的热潮，国家出版了一批供批判用的古典白话小说《水浒全传》，这是我最早接触的真正的文学名著原本。另外一个因素，就是学校与家庭为我亲近自然创造了机会。当时学校的课业并不繁重，有大量时间可以参加学校组织的劳动，比如割青草、积肥来支援农村建设。当然，一方面这是一种强制性的劳动，但另一方面，这些田间活动包括捕鱼、拾柴等，也给了当时的孩子们亲近大自然的机会，培养出了一种生活趣味和对于生命的理解。我们的童年时代并没有动漫和电视，但这种"与自然共生"的状态，经历时间的沉淀之后就能慢慢体现出对一个人成长至关重要的作用，而这可能是当下青少年成长过程中稀缺的部分。

过了很多年以后，我才知道我的祖父一辈曾是民国时期武汉大学和中山大学两校的中文系毕业生，也曾经从事文学研究并著书立说，他撰写的专著中还包括中国诗歌史，这与我的文学研究似乎存在着某种共鸣与交集。后来，我还曾在胡风办的《七月》杂志上看到祖父著作的广告。如果据此追溯，可以认为我选择文学在某种程度上也有着潜在的遗传基因。不过我的祖父在1948年前后就迁至台湾，而将我的父亲、祖母等留在了大陆，从此断了音讯，我获悉他的这些信息，也是在我走上文学研究道路以后的事情了。所以，这种"遗传"的追溯更近于一种自我想象或说精神上的自我连接吧！（2017 - 20，第17—18页）

"文化大革命"刚刚拉开序幕的时候，我诞生在四川东部一个西南最大的工业城市。多少年以后，我才知道自己出生的这个地方在那些时候是多么的热闹，坦克在大街上趾高气扬地行驶，军舰与货轮抢道，弹道划亮了山城的夜空。当然，童年还有过小伙伴的游戏，有过小河边的捕鱼，有过防空洞里的"历险"，有过小饭铺里二角一碗的大汤圆，家庭命运的苦涩混杂着一颗无知童心的默默的欢乐。但是没有书，没有唐诗宋词，没有《红楼梦》和《鲁迅全集》，尽管我那时是多么珍惜到手的每一本连环画，我苍白的童年只有二舅夏夜里的"西游记"故事还闪耀着"文化"奇异的光芒。（1995 - Z，第291页）

我所谓的"荒芜"不是一个比喻，它是真实的感受。我这代人开始读书是20世纪70年代初期，这一时期我们国家无论是具有文学性的经典名著还是儿童读物的出版都是空缺的，那时候能出的都是适应国家政治形势的一些著作。除了"文化大革命"时期的语录、文件之外，我印象最深的就是 70 年代的"评法批儒"后统一印刷的《水浒传》，在这前面都有毛主席、鲁迅评点的文字，所以这也不是作为文学经典面世的，而是根据政治斗争的需要出版的，它掀起了全国人民"评《水浒》"的高潮，可谓奇观。所以说，"荒芜"是真实的景观。在这个荒芜年代中，唯一的色彩就是连环画。连环画不是随时都有，当时我在重庆，一个书店里连环画也不过两三本，大概一个星期左右会出现一本新的连环画，这就是文学荒芜年代唯一散发出魅力的图书。荒芜年代的连环画对我的精神影响，可能是今天的儿童看美术图书、看动漫没法比拟的。因为今天的选择实在太多了，你看美术图书也好，看动漫也好，那只是诸多可选择的对象之一；但在我们那个年代，你没法选择，连环画是唯一的精神寄托，它构成的魔力是极大的。每个月我父母都会给我买一本连环画，那一天就成了我最盼望的日子。（2015－2，第 171—172 页）

回想我自己的中小学时代，对语文始终有着浓厚的兴趣。那个时候，我们的教育事业正遭遇空前的衰落，我们并没有更多的文学著作可读，《诗经》和《楚辞》，李白和杜甫，巴金和茅盾，莎士比亚和海明威……所有这些陈列在今天大小书摊上的经典著作我们都没有机会接触。但是，谢天谢地，我们也没有今天那些触目惊心的"题海"！于是，我们的感性心灵依然保持了相当的自由空间。我还十分怀念我的小学语文老师，她以那些美丽神奇的民间故事保存了语文课特有的美丽。在那个时代，我们国家的文化几乎被荡涤一空，倒是我们的语文课竟然还成为唯一闪烁着文化光彩的所在。这就不能不感谢我的语文老师们，正是他们以语文特有的亲切和情感力量滋润了我干涸的心田，开启了我走向文学的大门。（2012 - Z，第42—43页）

大概到20世纪70年代后期，我进入初中学习阶段，当时的文化发展反映到文学上，就是集中出现了一批科幻文学的作品，比如郑文光的《飞向人马座》，以及早期的科幻杂志《科幻海洋》等。科幻文学的优势在于通过建立在自然科学基础上的对宇宙、自然的想象，极大地打开了人们的想象力。科幻文学归根结底属于大众文化，因此它与一般意义上的经典名著对我们视野的开拓是有所区别的。但是对于在当时并没有太多书籍可供阅读的孩童来说，这种关于未来的天马行空的幻想，对自我发展有着至关重要的意义。因此，到现在我仍然非常珍视从科幻文学中汲取的财富，并始终保持着对于科幻的兴趣。除了中国现当代文学学科研究中涉及的文学著作与理论著作以外，目前我的阅读构成中很重要的一部分就是科幻文学，包括科幻小说、科幻杂志和科幻电影等。科幻作为我个人的兴趣爱好影响与丰富着我的生活，也许未来有合适的契机我会将这些"科幻体验"写出来。（2017－20，第18—19页）

我属于"60年代"，这种出身先天性地将我与荒芜和空虚联系了起来。孩提时的我并不知道什么文学经典，我的极其有限的阅读只能来自那些同样荒芜的语文课本和连环画。直到今天，我还对那些来自"书香门第"的作家学人心生艳羡。20世纪90年代中期，身居台湾的伯父第一次跨越海峡，带来了关于我不在人世已半个世纪之久的祖父的消息，我才知道，原来我家族的先辈早在40年代就撰写过《中国诗歌史》，晚年又有《金刚经解说》，不过，这迟到的信息已无法弥补我童年的遗憾，只能给人某些缅想的线索而已。"60年代"，那样的荒芜属于整个国家。

荒芜时代的些许色彩其实是格外重要的。感谢我小学时代的政治老师，一位把课堂变成小说连播的老太太，她对《三探红鱼洞》的讲述充满奇异的想象；感谢我的二舅，一位优秀的数学教师，同样拥有优秀的故事讲述天才，《西游记》与《封神榜》的幻想世界足以令人着迷；20世纪80年代初的应试教育，没有"文学"只有"课文"，幸好还有"作文"来延续我刚刚被激发展的幻想。我最早发表的文字也不是"文学",而是一些数学题的证明问题,但我最终没有沿着二舅的数学道路走下去,因为高中文科班相对轻松的学习任务和文学环境似乎让我找到了更为适应的氛围。(2012-Z,第1页)

真正深入文学的世界是大学本科以后的事情了。有一天我突然对新诗入了迷。在图书馆里读着一本又一本的现代诗集,甚至自己也开始在纸上涂抹起来。在这期间,谢冕先生应蓝棣之老师之请来北师大演讲,那带着"朦胧诗论争"岁月所特有的情绪和在此以后蓝棣之老师同样富有情绪感染力的"现代诗"选修课更是大大地增强了我对诗歌的兴趣。不过,此时此刻的诗歌与文学之于我完全是情智的连通,一切与"学术"无关。现在想来,这种较长时间的自由幻想与自由情感的历史,倒是与当今某些功利主义的教育拉开了距离,让我真切地感受到了"情感体验"的意义,这难道不就是一种幸运,甚至一种财富?(2012-Z,第I—II页)

我的"学术"之路的开启缘自王富仁教授发表于《文学评论》的那篇著名的《〈呐喊〉〈彷徨〉综论》。20世纪80年代震动中国学界的这篇宏论曾经掀起了怎样的思想风潮!我至今还清晰地记得当晚在图书馆阅读《文学评论》之时那份不可遏止的激动。在那里，我感受到了一种真真切切的极具思想力度的"学术"的逻辑，哦，原来，真正的"学术"也可以像诗歌一样的动人心魄！几个月之后，我鼓足勇气，将自己的处女作《论〈伤逝〉与现代世界的悲哀》呈到了王老师面前；一年之后，更将一篇3万字的长文《论中国现代新诗的进程》送到了《文学评论》编辑部王信老师的手中。这两篇文章先后发表在《名作欣赏》与《文学评论》上，我也从此宿命般地走上了文学研究的"学术"之路，而且始终都兼有两个方向：鲁迅与中国现代思想文化问题，以及中国现代新诗的发展问题。但无论是哪一个方面的学术思考都再难脱离"文学体验"的基础，而且越是到后来我就越能够感受到这一点。（2012-Z，第Ⅱ页）

关于鲁迅特别是《故事新编》的阅读是我最难忘的经历。那是20世纪80年代末的一个深秋，我所在大学积极的"支教"运动将我输送到了四川渠县一个不通公路的乡村。每天晚上，我都蜷缩在一张窄小的课桌前阅读鲁迅。外面是深深的夜影，鲁迅作品是那所乡村学校里最容易找到的借阅书籍，在经历了那一年燥热的春夏之后，文学与人生的"互训"有着怎样一种铭心刻骨的记忆啊！关乎我的遭遇与《故事新编》的图景，还有鲁迅的忧愤反讽之间的深刻关联似乎无须太多的解释和说明。一篇又一篇地阅读之后，我记录下了我一次又一次的心动。在被浓密的夜色所包裹的灯光下，我曾经将这些阅读的体验低吟给身边新识的朋友，然后在第二天走半小时的田间土路再搭船渡过洲河，通过小镇邮局寄往北京的《鲁迅研究月刊》。没有 E-mail 的年代，空间的距离令人怅惘，令人孤独，但也给人诸多反观自我的机会。没有电脑快速打字的年代，每一笔文字的刻画都仿佛凝结着人生的见证。文学如何让我们体验人生，人生又如何需要文学的拥抱，20 年后的今天，依然记忆犹新！（2012－Z，第Ⅲ—Ⅳ页）

只是，我并不懂得巴蜀，甚至在接手写作这本小书之前也从未认真思考过它（没有与生存环境拉开距离，好像也总难做到超然的审视），书中的思想肯定有不少的粗糙和简陋。尽管如此，我依然十分珍惜有这样一个机会来解读我故乡先辈们的精神成果，因为，这其实就是在解读我自己的生存，我是带着我自己的生存感受进入四川文学的。在中国现代文学作品中，我读得最多的是诗歌，现代中国的诗歌大多让我离开生存、陷入幻境，是这些饱含巴蜀文化意蕴的四川文学（特别是小说）重新唤醒了我对生存的关注。在阅读四川文学的时候，我无比真切地感到，生存问题对 20 世纪的中国文学，对 20 世纪的中国人是多么的重要！（1995－Z，第 292 页）

值得一提的是，在这几年的并不轻松的思考和写作过程中，是诸多的师长和朋友的支持给了我巨大的精神力量。出版社多次的催促、鼓励是本书得以完成的直接的动力！梅志先生和张晓风女士多次不厌其烦地回答我的问题，还寄赠新出的著作给我参考，贾植芳先生专门从上海寄来他身边保存的唯一的小说集，曾卓先生热情地在信中解答我的疑问：我对他们的感激不是一声"谢谢"所能表达的！（2001 – Z – 1，第306—307页）

在接受这样一个"难题"到几经折腾终于勉强成稿的过程中，给我巨大精神支撑的还有那些在世和早已不在世的"七月派"先辈们，每当我在苦于结构的安排和语言的处理这类写作上的技术问题时，总是他们人生和艺术材料的本身深深地打动了我，让我从现实的"写作"升腾到超现实的精神"体验"中，他们的真诚、他们的奋斗、他们的创造和他们的受难都给了我一次又一次的精神的撞击和掀动。虽然我这笨拙的"写作"实在不能与他们人生与艺术的本身相媲美，但我想，铭记（哪怕是笨拙的"铭记"）这些中国现当代文学史上最具有人格魅力的先辈本身就是一件有意义的工作，如果我的粗糙的文字能够为广大读者提供进入"七月派"作家群的一条最基本的线索，那我也就心满意足了。（2001 – Z – 1，第307页）

到目前为止，我有三次集中投入鲁迅的精神世界：一次是在 20 世纪 80 年代中期，那时还在北京念大学，有感于王富仁老师的《〈呐喊〉〈彷徨〉综论》而产生了阅读鲁迅的强烈冲动；一次是在 20 世纪 90 年代初期，因为"新上山下乡运动"而到了一个不通公路的乡村中学，那时鲁迅成了我寂寞人生的唯一慰藉；最近一次则是在去年下半年，为了讲授"鲁迅研究"选修课，又一次系统阅读了鲁迅的作品。（2004 - Z，第 306 页）

阅读和记录关于鲁迅的体验，是一件相当愉快的事情，尽管我们在鲁迅的文学里常常读到的是人生的痛苦。在阅读与写作的好些时刻，我都有一种克制不住的激动，这样的经历在我的其他时候却颇为少见。（2004 - Z，第 306 页）

我十分怀念每次上课时那种济济一堂的热烈的场面，它至少让我相信，在鲁迅和我们之间，依然有着许多彼此可以认同的精神追求。或许，在某一天，它就会成为我们度过人生之夜的宝贵的力量。（2004 - Z，第 313 页）

我想重新发掘所谓的"现代性"与民族文化和文学生长的关系。后来在实际的工作中，却发现清理"现代性批评话语"似乎就是一个复杂而必需的前提。这样，几年下来，我的许多精力就花在了 20 世纪 90 年代以后的学术史的清理与追问当中，关于中国文学与文化的"现代特征"（我倾向于用这一说法而不再轻易使用"现代性"）的一些思考也都与这样的清理和追问有关。（2006 – Z，第 275 页）

在这一次的被误读之后，我似乎更加清楚地意识到了自己工作的方向。那就是，我们的研究应当极力避免被某些社会思潮所裹挟，文学史的研究不应该成为现实功利目标的附庸，中国新诗与中国新文学的研究应当以发掘中国作家的创造机能为己任，我们不必轻易将这样的创造机能归结到某一既有的思潮中去。在以后，我质疑过渐成主流的"现代性"研究视野，质疑过比较文学的影响研究模式，也对"二十世纪中国文学""现代中国文学"等基本历史概念怀有一份警觉，所有这一切的努力都将通向对中国现代作家"创造秘密"的深入把握。到目前为止，我相信这就是重新认知中国现代文学的可靠之路。（2012 – Z，第 37 页）

我们都在 20 世纪 80 年代思想启蒙中走上学术研究，80年代最大特点是强调回到文学本身，强调文学性，到现在我觉得这个观点仍然是有意义的。但是它首要的意义还不在于是不是真的有这个文学性的存在，有没有纯文学的存在。80 年代提出这个概念首要的意义是完成了对政治干预文学的一次反拨，我们是谈文学性，谈回到文学本身，其实是要努力地从政治对文学的干扰当中挣脱出来。我们强调文学应该在文学内部来解决，意思是说，文学的这个内部到底在哪里，其实80年代并没有想过，有没有一个绝对的内部？但是这个是有意义的，意义在哪里？就是说这与单纯地把文学工具化和功利化是有所区别的，把文学纯粹作为政治斗争的工具是有区别的。所以，我们是在反抗把文学作为政治斗争的工具的意义上，强调回到文学本身。直到今天我仍然肯定80年代的这个思想，我们也是在那个年代成长起来的，所以很强调文学的修养本身。（2020－2，第28页）

人情冷暖

生命另有它的意义等你揉圆。

——穆旦

与生命被点燃这样的宇宙当中令人惊叹的事情相比，什么学术，学术规范，哪个观点正确哪个观点不正确，重要吗？不重要了。首先是你的人生的道路被打开了、你自己可以走你的人生之路了。当然你的人生可能跟鲁迅的人生不一样、跟王富仁的不一样，但谁也不会责备你，因为你找到了独立的自我。你也拥有了和另一个独立的自我对话的权利，你也可以与王老师对话了。

——李怡《启蒙告退的今天，我们如何阅读
王富仁——在西川读书会上的发言》

　　故乡、童年之所以充满魅力，主要的原因还在于"距离"。距离帮助我们推开眼前必须面对的事物，让身边的烦恼暂时远去。回到过去就是回到一处"超功利"的世界，人"自由"而没有"负担"。如果没有这样的精神愉快，其实故乡、童年也无所谓"美丽"了；反过来也可以说，没有实际人生烦恼的纠缠，我们也无法确知"超功利"世界的可贵——这是两个互动的层面。(2004－Z，第165页)

　　我的学术研究之门是由王富仁老师领着进入的，他对我的教导和影响自不待言。但是，今日思之，我又深深感到，我从他那里所获得的东西又远在学术之外，这似乎更值得珍惜。从1985年到现在已经将近十年了，在我人生旅程的每一个重要时刻，都可以感到来自他的巨大的意志力量和情感力量，那是一种不可多得的真诚的人际友爱。在我们所熟悉的那张张面孔（复杂的冷脸与夸张的热脸）之外，它昭示了另一种人格境界。如今，在我的第一本小书即将问世之际，我很难用语言来表达我的感情。当世界"爬行在懦弱的，人和人的关系间/化无数的恶意为自己营养"（穆旦），还有什么比真诚更宝贵的呢？(1994－Z，第272页)

　　18年前的一个秋天的夜里，在北京师范大学图书馆里，一篇论文打开了我走向文学研究的道路，那就是王富仁老师的《〈呐喊〉〈彷徨〉综论》。从此以后，我一直受惠于这样的智慧，当然更受惠于老师、师母真挚的情怀。包括小磊，20世纪80年代的最后一个7月，在我毕业离开师大的时候，小磊扛起行李，一直送我到北京站，而且还整整送了两次！在那个不平凡的夏天，到处都是塌方与泥石流，北京与重庆间的铁路竟然被忽然冲断。

又到了该离开北京的时候。说实在的，我十分怀恋这里的一切，那些智慧而真诚的"王门师兄师妹"，廖四平、唐利群、李炜东、沈庆利、孙晓娅……尤其是同级的彭志恒、梁鸿，还有我的老朋友魏崇武，你们都是我北京记忆的最温暖的一部分！（2012－Z，第279—280页）

一个人走上一条道路和特定的老师有很大的关系，一个老师无形中可以影响一大批人。很显然在我的人生当中始终都有这两个人的影子，一个是王富仁，一个是蓝棣之，分别对应着鲁迅和诗歌。一个年轻人在一开始对人生都是很迷茫的，并不清楚自己的道路往哪里走，这两个人为我展示了往这两方面走的可能性，激发了我，给了我这样的鼓励。我的第一篇论文是关于鲁迅的，毕业论文是关于穆旦的，两者分别构成了我走进学术界的第一个自我形象。我的学术研究还是从文学作品的阅读开始的。在 80 年代中期，因为受到王富仁老师《〈呐喊〉〈彷徨〉综论》的启发激励，自己开始阅读鲁迅和中国现代文学的一些作家作品，我最早的文章就是关于鲁迅《伤逝》的评论，发表在《名作欣赏》杂志上，我的本科毕业论文也发表在《中国现代文学研究刊》上。今天来看，这两个点就成了我思考学术的很重要的两个支点：以鲁迅的眼光和视野来看待我们中国现代文学与现代文化，诗歌则带给我始终保持着对文学中最灵动的那部分的兴奋和理解力。一个使我保持着思想的高度，一个使我保持着对艺术的感知能力。（2015 - 2，第173 页）

王富仁对文化发展过程中"创造力"这一动力源泉的挖掘和提炼极具开拓性，这样一来，"启蒙"文化就不再是欧洲18 世纪的教条，不再局根于国外的理论表述，甚至也不止于五四知识分子的具体主张，它在新世纪的中国被再度激活，再一次有力地介入中国当下的问题之中，其深层的内在构成——活力、张力及持续性的创造力得以凸显，激励人心。

当然，80 年代的热烈已经退去，启蒙势弱的趋势亦是如此，故王富仁绝地坚守、持续启蒙的努力不得不是孤独的。这一份深远的坚守，极容易淹没在当代学术"各领风骚三五年"的喧嚣之中。现实是，我们如此轻松地"告别"了80 年代，如此匆忙地走过了 90 年代，从王富仁这样的思想坚守者身边滑过，在许多时候，我们都忽略了这位智者数十年如一日战士般追问启蒙的努力，也最终低估了他所揭示出的中国文化挣脱他者干扰，自我创造的巨大能力。

2002 年，王富仁出版了《中国文化的守夜人》一书，其中，关于鲁迅与中国文化的论述已经展示了后来重构中国文化传统、重述"新国学"的思想脉络。如果说鲁迅是王富仁眼中的中国文化的"守夜人"，那么我们也可以说王富仁甘当中国当代学术文化的"守夜人"，守夜人孤独掌灯，绝地呐喊，可有回应否？（2017－7，第30页）

如果说对鲁迅的解读不再遵从过去的政治革命框架，那应该怎么理解呢？他提出了一个概念——"立人"。是为了人，为了人的自我的实现，为了我们人更好地生活在现代世界的中国。这些东西给我们的冲击就很大。王老师给我们讲现代文学课第一讲就是鲁迅的"立人"思想。下课后我就跑到讲台前给王老师提了一个问题，就像在座的你们看完王老师的书有好多困惑一样，我也有好多困惑。但我提问题的角度跟你们今天不一样，我提的问题在今天看来是一个非常可笑的问题，你们可能不一定能理解这个问题对我们来说有多么重要。我说："王老师，我从小受的教育是我们来到这个世界的目的，学习的目的、人生的目的就是为了共产主义的实现，成为大公无私的人，这与您讲鲁迅以'立人'为目标，有矛盾吗?"我想，今天不会有人这么提了，你们可能已经不再追问这些"大道理"，不再将社会的"大道理"作为自己必须追问的人生前提，甚至它的存在都与我们个人无关。在现实中，"道理"开始与人生实践脱节，道理只在需要表达的"公共场所"使用而现实的人生却可以有另外的原则，两者并行不悖。甚至我们也能够体会到这种"不追问"的平静，一种心安理得的"自由生活"的好处。但是对当时的我们来说却必须要想清楚，因为我们真的需要一种能够说服自己的人生哲学。我记得很清楚，当时王老师一笑，说："我认为这两者之间没有矛盾。什么是共产主义? 当共产主义实现的那一天，就是人性得到了全面的发展，个性得到了全面的伸张的一天。"我一下受到了猛烈的撞击，因为，在我们从小接受的马克思主义教育里，马克思主义的根本主张就是阶级斗争，讲人要斗人，这是它的精华。今天王老师说马克思本来就是为了我们的全面发展，这样一来，马克思所表达的东西，和王老师所阐述的鲁迅的追求，立人的理想，就完全无缝对接了。这一下真的就觉得天地如此宽广。(2017 - 3，第14—15 页)

鲁迅的存在和巨大的文学成就很早就成为胡风文学之路的

精神导引。在担任"左联"工作及从"左联"离职之后，鲁迅和胡风有了愈来愈密切的交往。看得出来，鲁迅对这位颇具文学才华又性格耿介的青年作家有一种特别的欣赏，寄予了莫大的信任。胡风成了鲁迅最愿意倾吐心声的几位青年朋友之一，在他们频繁的往来中鲁迅经常坦诚地解剖着自己和自己的作品，畅谈他对社会人生及文学艺术的见解，有时甚至还倾吐内心的苦闷和烦恼。就是在这种近距离的浸润中，胡风走进了鲁迅的精神世界。（2001 - Z - 1，第 13 页）

鲁迅的立场是普通人的生存。

正是从这一立场出发，鲁迅不再对自己的族群抱有无条件的认同，他总是冷静地关注着身边的人群，从未因为群体的裹挟而轻易放弃自己的人生态度，这几乎贯穿了鲁迅的整个留日时期。（2004 - Z，第 11 页）

显然，与国民党显贵们政治的成熟与老练相比较，年轻的柔石是这样的真诚、稚嫩，这样的襟怀坦白、胸无城府。就是这样的品格，敞开了鲁迅通往一个新的人生理想形式的大门。（2004 - Z，第 6 页）

1935 年 6 月 28 日，瞿秋白在江西长汀罗汉岭就义。鲁迅

感慨不已，抱病亲自为瞿秋白选编遗文集《海上述林》，演绎了中国现代文坛的一段佳话。（2004－Z，第8页）

值得注意的是，鲁迅首先是在柔石、冯雪峰、瞿秋白这样的革命青年那里找到了知音，但同样也从不断"革命"、不断追求最新最进步思潮的创造社、太阳社青年那里获得了"落伍"的攻击。这就是中国现代文学史上著名的"革命文学"论争。（2004－Z，第11页）

现实可能与人间关怀——实际上却是实践的问题，并不完全服从于人主观的感受。或者说至少也不是"影"所能够回答的东西。因为，世界是否"虚无"，是否"无意义""无希望"，这还需要在别人的感受中获得印证。在这方面，鲁迅恰恰又不是个安心于个人精神空间的人，他念念不忘的是我们周围的这个世界，是我们生活的这个世界怎么了？我们必须如何选择才有利于它的改善，我们有怎样的行动才有利于其他人的利益？所以，鲁迅"终于不能证实：惟黑暗与虚无乃是实有"，而"总还恐怕传染给别人"。一个不断谋求在实践中"证实"，不断担心传染的鲁迅在更多的时候还是个不能忘情于人间的鲁迅、一个以改造现实世界为己任的负责的鲁迅。（2004－Z，第158页）

激情、温情和伤情正是一位刚刚踏上人生道路的青年人所最可能出现的三种心态与三种情感流向。激情代表了青年人特有的胆识和勇气，他们一无所有，敢于面对一切，走向一切，所以豪迈奔放；温情代表了青年对生存乐趣的不断撷取和对未来的默默的信念，他们愿意以自己美丽温柔的想象来补偿某些暂时的遗憾，因为未来的希望并不曾丧失；伤情则代表了青年第一次独立应付现实世界的惶乱和不适，因为一时的茫然失措，他们有些昏头转向。(1995－Z，第147页)

这位后来颇具忧患意识的诗人仿佛先天就知道这个世界的忧患，他迟迟不肯从娘胎里下地，"难产"的他由此被钉上"克父母"的恶咒，在家中丧失了应得的宠爱，等待他的是被寄养的命运，连自己的亲生父母也只能改称"叔叔""婶婶"。5岁时，艾青终于回家了，但迎接他的却是父亲无缘无故的打骂与喝斥。在诗人幼小的心田里，忧郁的阴云已经弥漫开来了。(2001－Z－1，第31—32页)

我敬仰吴宓，因为他是现代中国一位执着于自身学术理想、追求学术独立的知识分子，然而，他所孜孜以求的人生与文化理想却是与中国文化现代化的诸多事实相抵牾的，这便在很大的程度上限制了他的发展、他的意义。这，不能不说就是

一出莫大的悲剧。（2001 – Z – 2，第 46 页）

穆旦的诗歌是他对人生与生命苦难体验的发掘与反思，凝结着诗人的痛苦的智慧。理解穆旦，就必须首先理解和体察他所经历的种种人生苦难。（2011 – Z，第 4 页）

穆旦的出现曾经为沉寂的中国诗坛注入了一道生命的活水，令人振奋，催人警醒。然而，在一个更需要现实斗争，更需要群体解放的时代，其独特的个人思想似乎并没有赢得更多的喝彩，而继之而来的一个充满理想的新社会也并不乐意接受这位诗人的太多的苦难，于是，就像颗巨大的彗星、一道夺目的闪电，诗人迅速划过 20 世纪 40 年代的夜空，消失在昏蒙蒙、雾沉沉的地平线上。重新"发现"穆旦已经是 80 年代以后的事情了。（2011 – Z，第 6 页）

想到这些文字，我不禁也对自己的人生多了一份遐想，也多了一份希望，也许，还多了一点力量。带着对"突围"的想象，让我们回想自己的"被围"，让我们保有自己的真切感受和体验。（2012 – Z，第 Ⅵ 页）

生命永远都是谜，而追逐生命、勘破生命的过程也永远凄美动人。宋益乔的文学传记本身就是一篇关于生命奥秘的思辨录。

写到这里，我忽然悟出，宋益乔不无动情地抒写着苏曼殊、许地山、徐志摩的情感波，追踪着他们的生命运动，不就是再一次勘破生命的尝试么？谜一样的生命这般凄美，此情此景，宋益乔自己又当做何感想呢？最近，我得知他又专注于宗教问题的研究，于是联想到了他的文学传记，他传记中的人物……我想，宗教不大容易成为中国人的最后归宿，但它所带来的激情与灵感却是非常可贵的。（1992－3－1，第96页）

看来，巴金的这一朴素的愿望又没有实现。然而，反复表述的巴金究竟还在这愿望的表达中保留了可贵的精神反省能力，而同样身为"新时期"知识分子的我们呢？是否已经为这些纷至沓来的"机会"所淹没，是否因为珍惜"机会"而反倒对如此"素"的愿望淡然、漠然或者不以为然？二十八年的"机会"是否必须换来这样的事实：极少数老人的觉悟与一大批中青年的堕落？

巴金的有些愿望是一时难以实现的，这里既包含了生命的无力，又还有我们自己的习惯性的放弃与习惯性的满足。我禁不住猜想，当欲望代替了愿望，或者说当我们的愿望都越来越具体，越来越切近，那么，到了某一天，会不会对巴金式的愿望也生出些诡异与陌生来？

所幸的是还有一些当代的学人在纪念着，他并且是那种真诚的纪念。在纪念巴金的时候，我们也有了回想自己的机会。（2005 – 11，第 1 页）

回顾十多年的学术历程，我觉得除了自己的师长，最让人难以忘怀的是三方面的朋友：一是书店的老板，二是图书馆的管理员，三是报纸杂志及出版机构的"同道"。

记得有一位学者曾经说过，大概是我们这样注定了终身与书作伴、以书为生的人，才能真切地体味和珍惜着一切"与书结缘"的人际友情。书店的老板和图书馆的管理员与我们有着天然的亲和力，重庆万圣书园、北京万圣书园、盛世（情）书店、琉璃厂中国书店、灯市口中国书店、隆福寺中国书店、新街口中国书店、潘家园、苏州古籍书店……这些亲切的名字背后是多少温馨的记忆啊。中国现代文学馆资料室、北京师范大学图书馆、北京师范大学中文系资料室、西南师范大学图书馆、西南师范大学中文系资料室……值得我们珍惜的友谊又有多少！（2002 – Z – 1，第 392—393 页）

二舅不是文字高妙的文学家，尽管他不无文学的天赋，却也以自己的文学素养给如我这样的后人莫大的启蒙；二舅的

"家史"也不可能是誉满天下传布广泛的"公共"史诗，尽管其中充盈了市面流行的那些历史故事也不曾有过的细节与意趣。无意混迹官场、无意追名逐利的二舅始终只是千千万万中国普通的知识分子中的一员，二舅的家史回忆也纯粹是湮没于历史洪流中的微不足道的私人记忆。即便抛开一己的亲情渊源，我们也应该为这些最普通的命运记录奉献我们的感激，我们的爱惜！在保存民间历史的意义上，其价值丝毫不亚于那些光彩夺目的文士学人们的著作。（2012－Z，第181—182页）

《随想录》的写作既是对巴金自身也是对中国现代文学宝贵传统的有意识回归，也就是说，经历了种种的"非人"的历史折磨之后，巴金似乎比任何时候都更加清醒地意识到，在人的基本生存权利尚难保障的时代，真正的负责的文学都只能首先是"为了人生"的，如果我们一定要追逐异域文学艺术的步伐，将文学架设在"艺术"的高空，那么他宁愿接受这种"非艺术""非文学"的文学追求，这是他反复强调的"真话"。也就是说，现实的基本事实被更多人所刻意掩饰了，中国文学的目标其实不用多么玄妙和高蹈，只要能尊重"为了人生"这一真实的底线，那么它才可能是真诚的，有益于现实，也有益于艺术自身的：何以产生"文化大革命"？人何以变兽？"中了催眠术无缘无故地变成另外一个人"，我们又如何"脱下面具,掏出良心,弄清自己的本来面目""我不断地探索讲假话的根源,根据个人的经验,假话就是从板子下而出来的"。巴金通过自己的"重复"与"唠叨"将中国现当代文学的"非文学"真实置放在大家面前,可以说是如此的独特,也如此的刺目。因为,相当一部分的文学已经在所谓的"艺术"之路上遁逃开去,那是一次又一次的从现实的"遁逃",也是对知识分子良知的遁逃,最终,是对艺术本身的遁逃。

于是,巴金关于"非文学"的"重复"与"唠叨"就显得如此的重要,如此的振聋发聩,如此的别有洞天。(2018 - 6,第28页)

在中国竭力以"文化大国"的身份走进"世界中心"的今天,世界各国的学术思想也以前所未有的速度和深度进入中国,尤其是"中国之外"对中国的研究——称为"汉学"或"中国学",直接对中国本土的相关研究构成了极大的影响甚至冲击。仅以中国现代文学为例,先是普实克的东欧汉学研究,后有夏志清等美国学人"小说史",纷纷登陆。最近十多年来,强调社会场域、突出文化研究的美国中国学尤其对中国影响深远,它以深入关注中国文学历史政治问题的方式拨动着中国学人特有的敏感,又因为思维的新颖而与中国传统的社会历史批评判然有别,魅力四射。

与如此富有好莱坞"明星效应"般的"中国学"不同，冯铁先生的论著一如他的为人般质朴无华。多年以来，他总是默默无闻地穿行在中国各大城市，除了在"学术"中的出入，更与街头巷尾最朴素的中国老百姓交游叙谈。他埋首于作家手稿的搜集，执着于那些鲜为人知的作家踪迹，着迷于某些偏远地域的乡土文化，犹如他端坐在四川茶馆里悠闲阅读，或者津津有味地裹制烟卷，享受自得其乐的韵味。这里没有山呼海啸般的抒情，没有语惊四座的立论，没有引领风潮的炫目，更像是一个曾经远行又终于归来的"乡人"在满怀深情地抚摸着他原本熟悉的土地，这里有茁壮的禾苗，那里是闲置的农具，那里有等待开启的柴门……

打开这本著作，你会不无惊讶地发现，冯铁先生对中国现代文学的兴趣是如此的细腻又如此的偏执：手稿的辨析、文字渊源的清理、"非著名作家"的事迹考证、作家夫人的文学参与……平心而论，这样的选题，即便对中国学者而言，也不无偏枯冷僻，几乎其中的每一项研究，都需要付出相当艰辛，手稿的搜集，事迹的梳理，语言文字的辨认乃至文学思维的比对，没有哪一种结论可以凭借理论的概括和自由的想象轻易得出，这里的研究不是我们通常所见的"论述"而是踏实的"讲述"，讲述的所有材料都来自冯铁先生长时间的观察、守候与寻觅，在无数的失望、无尽的搜求之后，某一次的不期而

遇，某一次的苦尽甘来……点点滴滴的累积方才导向了严谨坚实的判断。（2012 - 9，第211—212页）

区别于更年轻的一代，我们20世纪60年代生人的时代经历可以说非常重要。现在回想起来，"代际"给我带来的最重要的财富，就是我们"睁眼看世界"的过程伴随着国家社会的改革开放进程。换言之，整个国家民族的发展与成熟基本上与个人的生命展开及理解世界的过程同步。今天，新的社会秩序已经建立，发展得较为成熟的社会结构给我们提供了一个看得见的未来，但当时与今日不同，当时并没有一个已经建设好的世界等待我们享受，这样可能会带来一些问题，比如我们对于周遭环境的感觉并不会那么敏锐，对于事物的理解也不会那么深入。但是，我们却有着与国家共同探索的可能。国家在探索怎么带给新一代人美好的人生，民族的未来应该走向何方，乃至于重新定位什么是自我，什么是个人的权利，什么是国家的义务，这一切都在被重新定义中。换句话说，20世纪80年代是一个启蒙的时代，也是一个成长的时代，更是一个探索的时代。很多东西处于未定的状态，国家、社会、全体知识分子都在探索之中，而我个人也被带动着进行探索。我的个人的成长，也被卷入时代浪潮之中。倘若我们像今天的青少年一样，在成长过程中享受到优越的条件和保护，也许我也会丧失探索的"童心"。

我接受的中学教育是由一种相对僵化、呆板的思维模式所主导。1984 年，我高中毕业步入大学阶段，在这人生的转变期，我从高中少年的蒙昧混沌状态转变为自觉认识世界、认识自我的状态，基本的价值观与人生观也逐渐形成。到了大学以后正遭遇思想启蒙，老师的课堂教育、学校的校园文化开始潜移默化地解答着我们关于时代和自我的困惑。关于人的自由、权利、道德、理想等的认识，在课堂学习的过程中被重新建立和定位。而对这些东西的理解与探索又伴随着文学专业知识的学习，比如说中国现代文学。在这种状态下，我就很容易回到晚清到"五四"的历史情境中，与那一代知识分子的探索历程进行对话。好像我们正要解决的和需要解决的问题，正好与那一个时代知识分子曾经探索过的东西产生某种契合与共鸣，因此我就有种强烈的对于"五四"以及近代知识分子探索过程的认同感。我的学习对象与个人的成长经历有着高度呼应关系，而不是外在于自己僵化的学习任务。因此，大学时代对于我后来走上文学研究道路是至关重要的。（2017 - 20，第 19 页）

我们（包括昌宝与我）这批人属于晚熟的一代，在上大学之前从未想过自己有重新思考未来的可能性。后来一进大学，可以说是轰炸式的思想扑面而来，我们的所思所想也是在上大学后发生了改变，大学对于我们而言具有启蒙的意义。其实，我们现在用"启蒙"一词也是姑且用之，它远比18世纪启蒙运动的含义要复杂得多，对我们绝大多数人而言，它意味着自己思想的丰富，以及对自我的发现。王富仁先生的出现就在这样一个过程当中，成为我们发现自我、反思自我的领路人、思想导师。今天纪念先生，我们理当用更大的情怀和思想的坚守来面对当下，努力让先生的历史追问能够照亮未来。（2019-Z，代序页）

其实，姜飞跟王老师之间并没有太多私下的接触，在王老师去世后的第二天早上5点钟的时候，我把他写的悼词转到了一个群里面，姜飞看见了，马上就回了我一条。我说，凌晨两点我们还在对话，今天5点钟你就回我了。姜飞说，哪里睡得着啊！其实你想想，这两个素昧平生的人，没有太多私交的人，就是给他写了一个序，那他为什么睡不着呢？其实就是背后有一个超越私人而激于公义的东西，离不开一个"公"字，就是今晚离开我们的这个人身上承担了中国文化及中国人很多宝贵的东西。这个人的离去是我们一种共同理想的失落，一种伤逝，他是在哀叹自己的生命。只有到达这一步的时候，你情绪的抒发才能像他那个文章那样写得那么真挚动人。如果你考

虑到这一层，你想这一批知识分子怎么会没有对我们国家和民族怀着无比深切的关怀呢？（2017 – 3，第 18 页）

在我个人的学术道路上，深深地感悟到还有这么一批默默无闻、醉心学术工作的人们，从学术事业本身获得精神的快乐大概才是他们的最高享受！（2002 – Z – 1，第 393 页）

知人论世

人心营构之象，亦出于天地自然之象也。

——章学诚

文化建设的核心是什么？是人自身的一系列新的变化。因为文化本身就是人所创造的物质与精神财富的总和，人类社会在物质与精神财富上的种种变化，归根结底其实就是人自己的变化。

——李怡《自我体验、自我意识与现代中国文化的"问题"——主持人语》

屈原面对的是这样的历史现实：故国衰微，君王昏聩，"明于治乱，娴于辞令"的他却遭人谮毁。在他心灵的深处，回荡着个体价值陡然失落的悲哀，他怨愤，他焦躁，甚至对自己固有的价值体系产生了些许的怀疑，但还是"眷顾楚国，系心怀王，不忘欲反"。类似的文化背景及文化心态可以说曾多次出现在中国历史上，"超稳定"体制周期性的动荡让我们的诗人反反复复地陷入这一古老的梦魇之中。于是，孤芳自赏、傲骨铮铮的屈原总是让人倍觉兴奋，那逐龙唤凤、驱日赶月的精神能量，那淋漓尽致的泄愤，还有那绚烂奇丽的想象，弘博丽雅的辞藻，都一再拨动着他们的心弦，震撼他们的心灵，给他们展示出一幅个人精神与艺术追求的自由境象，成为他们享受短暂的洒脱，"熬过漫漫长夜的亲切的力量"。（1994-Z，第64页）

我们注意到了这样的事实：与屈骚精神息息相通的新诗的"自由"形态，虽然在它的诞生发展之初曾对晋唐诗歌有挑战、有不满，但整体上看，还是对晋唐诗歌颇为宽容，甚至是相当钦敬的。郭沫若一生，不断在屈骚原型与晋唐原型之间选择，难以割舍："我自己对于这两位诗人（屈原和陶渊明——引者注），究竟偏于哪一位呢？也实在难说。"朱湘从来没有因为对屈原的一往情深而遗弃了其他古典诗词，他的不少作品，都带有浓郁的唐风宋韵，精通古诗的苏雪林就指出，朱湘诗歌的首要特点就是"善于融化旧诗词"。在绝大多数的中国诗人看来，屈骚与中国古典诗歌的其他形态并没有特别的矛盾，都是他们学习借鉴的榜样，而且意味深长的是，"自由"形态的中国新诗对自己所追求的"自由"似乎并不那么信心十足，踌躇满志，它们热切盼望来自其他中国诗歌原型的支持。（1994－Z，第73页）

何其芳晚年的一首《忆昔》生动地描写了自觉形态的中国古典诗歌对现代诗人的意义："忆昔危楼夜读书，唐诗一卷瓦灯孤。松涛怒涌欲掀屋，杜宇悲啼如贯珠。始觉天然何壮丽，长留心曲不凋枯。儿时未解歌吟事，种粒冬埋春复苏。"是魏晋唐诗宋词第一次打开了中国诗人那一颗颗年轻的心，把生命的奇妙韵律输入他们质朴的灵魂，唤起他们潜在的诗兴，把他们带入一个全新的艺术王国。那些"镜花水月"的文字已经像种子一样埋藏了下来，怎么也不会随风而逝了，他们憩息在诗人丰腴的心田里，在未来的岁月里接受阳光雨露，寻找破土而出的时机。当"五四"新旧诗歌还处于尖锐对立，旧诗的威压窒息着萌芽状态的新诗时，现代诗人实际上是不可能无所顾忌地寄情于历史的，但是一旦新诗获得了一个基本的立足点，情况就不同了，遥远的传统诗歌和最新的西方诗潮似乎变得平等了，各有其动人的一面，尤其是作为中国文化的传人，人们又总是在情感上更能认同传统的诗歌原型，冬埋的文化种粒终于复苏了，而且日长夜大。反过来，人们也会理所当然地以传统的模式来理解、认同、接受外来的诗歌文化，于是，巴那斯主义的冷静、客观就与中国古典诗歌"哀而不伤，乐而不淫"的抒情模式相结合了，并久久地盘旋在一代又一代的诗人心里。（1994 – Z，第78页）

物我和谐的生命态度是否就真的能够取消现代人的意志力呢？我认为是有困难的。闻一多的诗歌创作就不时呈现这样的矛盾：一方面竭力弥合传统的审美理想；另一方面却又涌现出一系列的怀疑与困惑，如《红烛》《雨夜》《睡者》《春光》《静夜》等。闻一多既为来自西方的顽强的生命意识所鼓动，又具有敏锐而真诚的社会感受能力，多重诗文化观念的冲撞使他难以平衡，以至于放弃了诗歌创作。（1994 – Z，第87页）

一位生活在现代环境里的诗人，本来就是在全方位地感受着来自"整个"传统的丰富信息，传统的各种原型亦在他们的心底重新进行组合与装配。从中国现代新诗自身来说，"形态"的分别具有较大的模糊性，含混性，不少现代新诗都是综合地表现着传统诗歌原型的种种特征。只是，我们今天为了更清晰更准确地分析传统原型的现代功能，就不得不勉为其难地努力将之划分开来，区别对待，各有阐扬，以期有细致的发见。（1994 – Z，第 123 页）

把胡适简单地认定为"反动文人"的时代显然已经过去了。于是，我们的印象似乎被变动的历史引向了一个新的方向：胡适，这位学贯中西的诗人第一次自觉地敞开胸怀，引进了西方诗歌的文化巨流，从而实现了从语言方式和思想追求的一系列"诗国革命"；他对西方诗歌的译介、模仿和对中国文学自身活力的开掘仿佛都是高度理性思索的结果，是他周密审慎的选择。（1994 – Z，第 171 页）

从上海梅溪学堂抄阅《革命军》，澄衷学堂捧读《天演论》一直到纽约哥伦比亚大学拜师杜威，胡适的民主政治知识与现代哲学知识逐渐增加，不过，所有这些西方先进的文化观念并没有被迅速地聚合起来，作为撑破传统束缚的锐利的武器，语言文学的革命也没有一开始就成为胡适文化追求的重要组成部分。（1994 – Z，第 172 页）

他倒是以一种超越幼稚青年的、博古通今的学者姿态投入汉语文化的研究当中，其初衷无疑包含了拨正偏颇、维护汉语研究之严正传统这一意愿，至于他最后发现了文言白话之差别，文字死活之要旨，则又似乎有些让人始料不及了。从维护传统、杜绝怪论到最终解构传统，为后来的文学革命奠定基础，事情的转变很有些戏剧性、偶发性，超出了胡适本人的理性设计。（1994 – Z，第 173 页）

从近代到现代，从"五四"前到"五四"，胡适所具有的"历史过渡"性使得他在当时还不可能完全自觉、完全清醒地意识到中西文化在精神层面交会、碰撞的事实。他理解中的诗歌运动主要还是中国诗歌系统内部的一种自我演化，这种自我演化在历史上就曾经发生过多次，诗体也获得了多次的解放、进化。（1994 – Z，第 176 页）

当然，中西诗歌文化毕竟是彼此异质的两大系统，从根本上讲，它们不可能如胡适所理解的死与活一样缓缓交流、平静过渡，最具有实质意义的碰撞、冲突终将发生；只是还没有等西方诗歌文化的诸种品格在胡适的思想中成长壮大起来，这位首开风气的尝试者就已经停止了"尝试"。（1994 – Z，第 186 页）

从郭沫若的自述来看，最投合他的情感，给他深远影响的中国古典诗人实在不少。不过，认真清理起来，又似乎分为两

大类：一是以屈原为代表的先秦诗歌，二是以陶渊明、王维等人为代表的晋唐诗歌。（1994 – Z，第 187 页）

我认为，这一独立的特质就在于，闻一多竭力维护传统文化的行为是与他内在的情感需要与感受方式联系在一起的，这样的需要较他人更执着更专注，这样的感受也更丰富更真纯。（1994 – Z，第 204 页）

饱经沧桑的闻一多在洞察世事的同时对自我也有了更加深入的认识，在他看来，人本来就是伟大与渺小，美丽与猥琐的奇妙结合，光明与黑暗永远是不可或缺的。在这里我们也可以清楚地看到这位"东方老憨"性格稳定的和变化的方面：他能够如此真诚、如此坦率，道他人未敢道之言，的确还有几分"憨直"之气，但与之同时，他却又不愿以忠厚朴实的"老憨"自居了，这显然又是认识的进步。"东方老憨"性格变与不变的两方面冲撞不已，构成了闻一多自我人格的矛盾性，而人格的矛盾性又塑造了诗人感情与感受的多重特征，他再难以中国传统诗人的"统一性"来驾驶自己的创作了。（1994 – Z，第 212 页）

我认为，在徐志摩所有的思想艺术追求当中，最值得我们深究的是他与自然的关系，是他对自然的亲近与投入，对自然的接受和体验。大自然的单纯、和谐深深地内化成了诗人精神世界的一部分，内在地决定着徐志摩诗歌创作的艺术选择；也是在与自然的亲和当中，徐志摩自觉不自觉地实现了与中国传统诗歌文化精神的默契，从而把现实与历史、个人诗兴与文化传统融合在了一起，完成了中国古典诗学理想的现代"重构"；无论是与自然的亲和还是与传统的默契，在徐志摩那里都显出一种浑然天成、圆润无隙的景象。在竭力以反叛传统、创立自身品格的中国现代新诗史上，如此惬意的精神契合，如此精巧的文化重构还是第一次出现。（1994 - Z，第 216—218 页）

如果说徐志摩是"自然之子"，那么郭沫若则更像是一位"社会之子"。（1994 - Z，第 218 页）

闻一多朝思暮想的"故乡"是中国文化圣地，徐志摩恋恋不舍的"故乡"是风光旖旎的康桥。闻一多是天生的"文化之子"，而徐志摩则是天生的"自然之子"。（1994 - Z，第 219 页）

"爱"被徐志摩视作生命的中心，尽管人们总是把它与西方文化的"博爱"精神相比附，但纵观徐志摩的言论与吟咏，我们可以知道，徐志摩并没有那样的圣洁，他的爱是凡人之爱，是立足于实地的男女之间的至情至爱，是人与人之间的朴素的世俗的情怀。宗教式的博爱把我们的心灵带离人间，带离大自然，直奔天堂，凡人之爱却是人与人之间的亲和，它与美丽的大自然相映成趣，徐志摩感受中的爱的激情就经常与他对大自然的激情相互说明。（1994 - Z，第221页）

作为一位现代诗人，徐志摩在归依大自然的流程中顺水行舟地进入了传统中国的人生境界，他是"中国化"的自然之子，具有中国式的自然之魂，当他以诗的艺术来表达自己的人生感受时，实际上也就是完成了古典理想的现代重构。这一"重构"融入了诗人的真挚坦白，他的灵与肉，在中国现代新诗史上也最完整最精致，裂隙最小，因此有着特别的意义。（1994 - Z，第223页）

爱情成为人生体验的主要内容之一，这本身也是戴望舒诗歌"现代性"的表现。因为，只有在现代社会的条件下，在个人获得了相对自由的环境中，爱情才可能冲破种种的纲常伦理，集中地反复地掀起人的情感波澜。戴望舒的爱情是现代人的生存情绪，这就是他在《诗论零札》中所说的"新的诗应该有新的情绪"，从而与林庚等人的"古风"判然有别。也是在这一取向之上，魏尔仑、果尔蒙等人的法国象征主义爱情诗给了他莫大的兴会，现代意义的中西文化就此融会贯通了。（1994 – Z，第 232 页）

戴望舒诗歌的痛苦有一个十分突出的特点，那就是他的痛苦始终是一种盘旋于感受状态的细碎的忧伤，用我们所熟悉的术语来讲这就是所谓的"感伤"。戴望舒以他的眼泪和霜鬓，营造了一种感伤主义的情调。（1994 – Z，第 236 页）

何其芳诗歌的独立特色决定于诗人与众不同的世界观、人生观及个性气质。这一"与众不同"就在于，他拥有颇为柔韧的心理能力，能够在种种孤独寂寞中保持最持久的心理平衡，并从平衡中寻找乐趣，编织自我的梦幻。他向来都没有被孤寂榨干情感，没有在生活的挤压下悲观绝望，也无意对人生的苦难作出严肃的抗击，在任何时候，他都包裹着一份温柔、湿润的情感，他不相信人生真的会如此黑暗，也不相信世上会丧失真情，他在不断地寻找，不断地以淡淡的微笑迎接一切，我将这样的心理称之为自慰与自赏。（1994 – Z，第 244 页）

如果要作出一个形象的比喻，我可以说卞之琳简直就像是"站在楼上看风景"，"楼下"的风景中有别人，或许也有他自

己的幻影，但他却始终待在"楼上"，"楼上"与"楼下"的距离有助于他冷却自己的热情。（1994 - Z，第258页）

冷静、客观的心态决定着诗歌创作的理性精神，卞之琳的"平静"决定了他必然走向"主知"，而这一"主知"却也具有鲜明的民族特色，与西方后期象征主义诗歌的哲学化趋向是有区别的。（1994 - Z，第262页）

现代四川作家是看重"生活"的，他们特别珍惜四川那块土地带给他们的生活感受，不管这感受是苦还是甜；他们所呈现的文学意象自然也就包含着对四川生存环境的真切刻绘，这里用不着列举像沙汀、李劼人、周文、罗淑、艾芜、王余杞这样把较多文学精力投入故土描写的作家，即使是郭沫若、巴金这种决意"冲出夔门"的诗人、小说家，也难免不浮现起故乡的影像。我们不妨将四川作家在他们四川题材的作品里所凸显的地域生存形象称之为"巴蜀意象"。（1995 - Z，第35页）

反叛精神与先锋意识是现代四川作家的重要的个性标识和艺术标识。透过这样无所顾忌的叛逆和激进，迎面扑来的是他们朝气蓬勃的面影，是他们逼人的青春气息。（1995 - Z，第139页）

在这种理性"负轻"的生存环境当中诞生了我们的现代作家。前文我们的分析已经表明，较之于浙江、江苏及山东等省，近现代四川的儒家文化的教育水准并不高，儒学气氛并不浓，从整体上看，这些作家受到的儒家文化的规范是不那么严格的。于是，这种传统理性的"负轻"感继续作用于现代四川作家的精神世界，一旦旧的文化从政治统治的角度被动摇和摧毁，那么这一批负轻者就成了精神意义上的"青年"，他们负担较小，压力较轻，是"年轻"的文化人。（1995－Z，第156页）

方志意识还决定了我们的作家对区域历史与地理情况本身的浓厚兴趣，除了他们日常的搜集、研究工作外，有时还情不自禁地在小说创作中大加展示，总结自己在方志研究中的心得和成果。在这方面，李劼人是最为突出的，在他的"三部曲"创作中，曾经用了相当多的篇幅来考证成都及其他四川城镇的城市史、建筑史，介绍特定的地方风俗。（1995－Z，第182页）

但是，路翎终究不是沙汀，不是周文，不是李劼人，他笔下的巴蜀和巴蜀人另有一番景象，这就是众所周知的路翎小说对人物精神世界的强烈关注和表现。如果说路翎对四川人精神品质的表现已经触及了其他外省作家所很少触及的"巴蜀之魂",那么,他对精神世界那种执着(几乎近于偏执)的探求却似乎又最终超过了文化的层面,直追人物的生命内核,他最终要开掘的又不仅仅是巴蜀之魂,更是人之魂。他能从一个普通农妇身上洞见原始的生命强力,把灵魂的解剖刀同时对准正面和反面的人物,以油画般的效果呈现他们强烈的精神世界的骚动。(1995 – Z,第274页)

"从田间来"的胡风,在"苦暗的雨中长大"的孙钿,曾经"长途跋涉"的彭燕郊,向往深山林莽的曾卓,以及阿城沉默的"纤夫",冀访无垠的"旷野",绿原"暴戾的苦海",牛汉的"悲哀压在草原上",胡征足踏过血染的土地,所有这些人与诗的意象连同路翎、丘东平小说中那沉郁的激情和心灵的重负一起,都反反复复地昭示着苦难的意义、土地的意义。苦难土地的儿子,这似乎就是"七月派"作家人生岁月里所饱藏着的生命基因。(2001 – Z – 1,第1页)

手触生活,这是"七月派"最终汇聚为一体的思想基准。

就是在"手触生活"的过程中,胡风找到了他的"七月"同人,这首先就是田间、艾青与吴奚如。(2001 – Z – 1,第20页)

画家艾青在他的诗歌中让我们看到了跳跃而出的意象和色彩，而同样热爱美术的彭燕郊又似乎给我们展开了一幅幅完整的素描。（2001－Z－1，第110页）

如果说彭燕郊以他的诗歌创作体现出了冰封雪冻时节的刚劲和坚毅，那么对另一位"七月"作家吕荧来说，这种刚劲和坚毅则主要体现在他为人处世的个性和人格上，也体现在他为中国新文学理论建设和中国新文学批评活动的开展而矻矻耕耘的执着上，可以说，这是又一棵"开花的冬青"。（2001－Z－1，第114页）

林纾作为第一个公开反对新文学运动的代表人物，在本质上也是一位"国粹主义"者，不过在他的身上，在他抨击新文学运动的一系列言论中，却包含了更多的文化的矛盾，折射出中国传统知识分子文化意识与政治意识的更为复杂和微妙的关系。（2001－Z－2，第17页）

回顾吴宓先生的一生，他的整个人生履历与全部文化活动，使我越来越清醒地感受着这样的道理：吴宓，从诗人到学者再到教授，从白璧德主义的忠实信徒到所谓五四新文化运动的"逆流"再到90年代以后被我们膜拜的学贯中西的现代大儒、学术大师，从清华大学到西南联大再到西南师大，其间流注着多少的光荣与辉煌、辛酸与沉沦、寂寞与喧哗，喜剧乎？悲剧乎？或许又兼而有之。(2001 - Z - 2，第 39 页)

一位执着于自身文化理想的知识分子竟然就没有意识到这一理想与当下生活轨道的严重脱节。一位真诚的人生追求者似乎恰恰因为他的真诚而不为这个惯于掩饰的世界所容忍。一位原本就充满了自我矛盾自我痛苦的"亦新亦旧"的人物既远离了"新"的支持，也失去"旧"的同情。这是怎样的人生，怎样的文化，怎样的悲剧呀！(2001 - Z - 2，第 48 页)

鲁迅虽然积极投身于建设现代化中国的宏大工程，并且在实践上也的确选取了思想文化之改造这一途径，但是，他又从未产生过郭沫若式的自信，无数次关于"希望""绝望""路"的讨论，都一再表明了鲁迅所特有的怀疑与彷徨。对于以纯粹道德修养的方式完成社会使命，就更是持否定、批判的态度了。(2001 - Z - 2，第 60 页)

从对儒家文化的理性判断来看，鲁迅和郭沫若都对儒文化有程度不等的肯定，但是方式却又不同。郭沫若倾向于把学术研究与个人喜好融为一体，把价值判断与事实判断揉成一团，他习惯于从现实景象中反观历史，反观主要是证明古老传统的价值和意义。于是，马克思走进文庙，与孔子同志相称，于是十月革命的胜利也就成了"王道"的胜利。鲁迅则严格区别作为价值意义的儒家与作为历史事实的儒家，对儒家的现代价值，鲁迅作了比较坚决的否定、批判，对作为历史事实的儒家，则相对地保持了温和的尊重。鲁迅也十分注意从现实景象中反观历史，但反观的根本目的是自我反省，是"刨祖坟"，斩劣根。

这就是鲁迅和郭沫若之于儒家文化的不同的态度。（2001 - Z - 2，第 64 页）

所以，我要强调，我们是在一种相互对照的意义上使用这一对概念的。从本质上讲，鲁迅从未完整地无条件地"承传"着传统文化的任何一部分，他"承传"的实质是"择取"；相反，郭沫若虽然也对传统有所"择取"，但对他所要"择取"的这一部分，却往往是满怀情感的投入和认同，因而他"择取"的实质就是"承传"。（2001 - Z - 2，第 66 页）

在女娲惊心动魄、无所顾忌的创造中，在黑色人、眉间尺决绝的复仇雪耻当中，在后羿如电似火式的弯弓射月中，鲁迅从现实人生的困境中获得了那么短暂但却无比痛快的超脱！

但鲁迅终于还是不能脱离现实进入纯精神的理想境界。（2001 - Z - 2，第 71 页）

尽管鲁迅与大多数的中国知识分子不同，他的刚强、他的坚定、他的执着是空前绝后的，但是，他的确不愿也毕竟不能做超脱现实、超脱历史、超脱时代的"超人"式的抉择。鲁迅，他的人生苦难，他的每一步退避，每一步前进，都付出了多大的代价，也多么应该为我们所理解呀！（2001 - Z - 2，第 76 页）

在鲁迅的人生体验与伯夷、叔齐、老子、庄子这些圣贤先师之间，不仅存在着那种否定性的自我批判式联系，而且还在一个更深、更隐秘的层次上存在着一种肯定性的自我抒写式联系。（2001 - Z - 2，第 85 页）

总而言之，老舍创作与市民生态的变易性实际上是这样一种关系：作为一位来自市民阶层的作家，老舍对这一阶层的生活方式是相当熟悉、甚至是不无欣赏的，因而对它潜在的变易属性也就有了真切的把握；作为一位用"五四"的"新眼睛"来观察世界的知识分子，他又欣赏现代文化精神，为西方社会的优良生存方式而赞叹。在创作实践中，他显然试图将这两个方面的因素恰当地结合在一起，以市民阶层固有的变易性为接受现代文明的基础，他为那些令人振奋的"新人"而喝彩，又因它的若干陈腐之气而忍无可忍。（2001－Z－2，第93页）

这样一种并不完全保守，并不拒绝新思潮，但又稳健冷静、审时度势的思维方式本身就属于"市民文化"的表现。老舍，这位自小在市民文化圈子里长大，又始终对市民文化怀有浓厚兴趣的作家，本身就具有了中国市民文化的诸多特征，而这些特征又最终影响，甚至决定了他自身的人生观、价值观，决定了他创作的一系列基本倾向。老舍是中国市民文化最独特的体验者、欣赏者和继往开来者。（2001－Z－2，第95—96页）

闻一多的意义就在于他以自己曲折、痛苦的存在向我们证明：即使是一个传统性格的知识分子，只要他能够真诚地迎接外来文化的冲击，只要他敢于忠于自己的现实人生体验，就有可能实现对传统的突破。可惜的是，像闻一多这样不伪饰、不自欺的诗人太少了，而且闻一多本人也未能在诗歌创作中继续他的体验。（2001－Z－2，第113页）

穆旦具有中国人最罕见的刚性精神，敢于直面死神的恐吓，敢于自我分裂、自我搏斗，品评"抉心自食"的滋味。他把心碾碎，让它如黄叶般片片飞扬，在"胜利的冬天"中咀嚼生命的虚狂与残酷。这些感受在中国现代诗人中无疑是最接近艾略特的，但惟其因为它有强烈的突破传统审美意识的愿望，惟其因为它不走"中西汇融"的道路，才有了如此引人瞩目的成就！（2001－Z－2，第126页）

首先，作为一位年届六旬的诗人，任洪渊却绝无他那个年龄阶层中并不鲜见的迂腐、狭窄和故步自封，他总是以开放的眼光关注着当代诗坛所发生的一切，并试图与时俱进，他诗歌话语的"新锐"和诗学批评的"前卫"都足以使他能有资格与"当代先锋"们对话，在这一现象的背后包含着诗人任洪渊所接受过的严格的学院教育，以及一位知识精英对民族历史的深切的思考。（2001－Z－2，第234页）

任洪渊作为学院派诗人的存在也是他拒绝世纪末诗坛浮躁的关键，学院派固有的安宁、稳定、自成一体的生活方式从本质上是与当下诗坛某些"走向社会"的操作方式大相径庭的。（2001－Z－2，第234页）

当王富仁以"回到鲁迅"的口号在他那篇著名的博士论

文里展开"思想革命"的大旗之时，或许当时不少激动不已的读者还没有意识到这里所包含着的学术意义和文化意义都大大地超过了鲁迅研究本身。而在继新时期"启蒙之后"出现的新一代的学者看来，作为历史现象的鲁迅又是不可能真正"还原"的，承载着"思想革命"这一明确意图的鲁迅也似乎仍然是一个单纯化、简略化甚至主观化的鲁迅。其实，恰恰是在这两个经典性的理论口号当中，王富仁充分展示了中国新时期启蒙思想的巨大的历史性力量，而他作为一位自觉的启蒙学者也找到了真正的"自我"。(2001－Z－2，第313页)

或许王富仁也在私下里有过"不熟悉当代批评术语"的感慨，但纵观他踏上文学研究道路以来的全部学术成果，你将发现，与其说是这种"不熟悉"造成了他理论的欠缺，还不如说是这种"不熟悉"形成了他善于独立感受和独立思考的个性；与其说是这种感慨表明了他强烈的"补课"愿望，还不如说逐渐开阔的知识视野反而强化了他的"正名"意识，特别是进入20世纪90年代以后，你会发现王富仁也并不曾刻意突出他现在的"熟悉"，倒是将他对学术活动的独立见解，将他对"感觉"的格外推重显示在了人们面前。(2001－Z－2，第320—321页)

王富仁曾经以他的"研究体系"而闻名，但事实上支撑着他这一"体系"的正是他与众不同的个人感受能力。没有他在阅读过程中对"偏离角"的发现就根本没有后来的什么"体系"，而"偏离角"的发现则充分显示了他作为批评家的特出的感知能力。（2001 – Z – 2，第 321 页）

基于这样的对于文化危机的清醒认识和对于知识分子价值取向的自觉，王富仁在 90 年代的学术活动不仅没有在新锐理论的攒击之下退缩和"失语"，也没有因文化环境的混沌而意志疲软，相反，他比以往的任何时候都要尊重自我的真实生命体验，也格外珍视自己的主观意志的作用和独特的文化立场。

王富仁在 90 年代的思想文化活动大体上分作两个部分，一是继续沿着思想启蒙的道路思考、探讨中国现代文化与中国现代文学的发生发展规律，二是另辟蹊径，以更自由活泼的散文随笔的形式书写自己的人生与文化的感受。（2001 – Z – 2，第 335 页）

什么是历史主义的"还原"？在我看来，像《嬗变》中所体现的这种立足于个人慧悟的从容描述便是对历史的很好的还原。当晚清遗老、辛亥英豪、五四先驱及其他后继者都因论者的慧悟而确立了各自生存的"理由"，当黑幕小说、鸳鸯蝴蝶派、新文学、旧体诗词都不再构成简单的对立关系，当进步/倒退、革命/保守不再成为文学史叙述的惟一模式，那么读者便被宽厚的论者引向了一个相当开阔的历史场景中，在这里，人与人、流派与流派、艺术与艺术之间的许多微妙而复杂的关系便得到了充分的尊重和细致耐心的剔掘。每一个新近介入的研究者都相信自己比前人更客观、更真实地还原了历史，而事实上只有那些以广博的心境"包容"了更多的历史现象，并且为这纷繁复杂的现象梳理了更多的生存理由的努力才是真正的有意义的"历史还原"。（2001－Z－2，第344—345页）

鲁迅在"鲁迅之后"历史中的命运似乎首先就表现为一种独特的"两极牵挂"。（2004－Z，第2页）

鲁迅，在自己"独自前进"的道路上最不"听话"，不听中国古人的至理名言，也不轻易相信外国的"先进理论"，不听知识精英的宏篇大论，也不接受民间大众的窃窃私语，他拒绝了官方的指令，也拒绝了在野的革命势力的干预。他是按照自己的理解推动着中国文化的现代发展，但又常常"跳出"这一发展过程中的"常规"与"逻辑"，进入一个属于自我的新的境界当中。（2004－Z，第19页）

我们似乎可以这样来概括鲁迅作为"结"的意义：鲁迅的文化与文学选择深深地"刺入"了中国现代文化发展的各个关键部位，从而牢牢地"嵌进"了中国现代文化的各个思潮、思想系统，他是以自己的方式"嵌进"而非其固有的自然肌体的一个部分，所以总是"赫然挺立"，与其他种种思想发生着复杂的纠缠——要清理现代中国诸多思潮都必定要返回鲁迅，但仅仅清理这些思潮却又不能理解鲁迅。这就是鲁迅存在的复杂性，也是他如此"扎眼"如此难以"消化"的本质。（2004 - Z，第20页）

可以毫不夸张地说，鲁迅是20世纪中国，也是千年封建历史之后的中国知识分子中最富有人生"痛感"的一位。（2004 - Z，第39页）

鲁迅不仅从理论的层面提出了"立人"的理想，对未来"人国"中的人格精神进行了设计，呼唤着中国人沉沦已久的创造活力，他还对当时流行于世的思想潮流进行了独具匠心的评述和批判，在这方面，值得注意的是尚未完稿的《破恶声论》。可以说这就是鲁迅对近现代中国知识分子"现代化"理论的"选择的批判"。（2004 - Z，第67页）

如果作为现代公民诞生之地的教育机构也是如此的腐朽和堕落，那么，中国的"铁屋子"就真的毫无希望打破，中国人与中国文化的明天也就无从谈起了，难怪鲁迅如此义无反顾地投入对女师大学生的支持当中。他不仅从道义上抨击了学校当局行为的非法性，而且还紧紧抓住教育部对他的无理辞退，将中国教育的最高当局及其负责人告上了法庭，以法律的形式宣布中国教育的专制主义性质，这是鲁迅的勇气，也是鲁迅之于中国现代教育界与法律界的莫大贡献。（2004 – Z，第133页）

由此可见，在王富仁先生那里，新国学的倡导不是与先前坚守启蒙相互对立的，他关注传统文化不是对启蒙理想的放弃，而是要在新的时代对"启蒙"问题作进一步思考和回答，是在现代知识学的框架中确立启蒙成果的新的努力。（2012 – Z，第14页）

也有借助语言对政治表态的人，如吴宓。越是面对激烈的政治运动，吴宓对"文言文"写作的坚持就越加顽固。他面临的紧张局面在于：这是一个不断用新创的政治语汇改天换地的时代，但他却在孤独地忧虑词语最终会改变人们的灵魂。（2020 – 7，第132页）

鲁迅，同人类文明史上一切伟大的经典作家一样，他的真正的价值是由他自身创造的。他完全可以"从进化论进到阶级论"，完全可能为现代中国的思想启蒙而殚精竭虑，也完全可能产生对生命存在的思索，但所有这一切都应该从属于鲁迅自己的情感逻辑、思想逻辑与话语逻辑。我们只有不断"返回"鲁迅的逻辑系统，才能获得重新"进入"鲁迅文学的通道。在这里，最重要的并不是不同时代所流行的社会思想"时尚"，而是鲁迅自己对人生、对文学的理解，是鲁迅用自己的独特的语言所编制起来的精神形式。勘探鲁迅文学的"原点"，应该是每一位研究者工作的重心。当然，真正的"原点"在很大程度上不过也是一种假设，然而，即便是对假设的"返回"，也比将作家比附于那些流动的"时尚"要可靠得多。（2004 - Z，第3页）

鲁迅关于中国与中国人未来的思考从总体上看是立足于人的自由与幸福，立足于个体的基本人权保障与内在真诚的养成。这一基点"具体而微"，不一定有同时代其他启蒙知识分子处处从国家民族"大势"入手那样的恢宏壮丽，却又是一切现代观念生成的基础。现代化建设的最根本目的不是国家而是人自己，这一观念常常为现代知识分子所遗忘。于是，鲁迅与一般流行的冠冕堂皇的"现代化"思想就常常有所分歧。

（2004 - Z，第 70 页）

　　鲁迅与中国现代新诗建立着一种有距离而独特的关系：他不是技艺纯熟的诗人，却以他的短暂实践给我们"别一世界"的启示；他也不是那种体大精深、圆融无隙的诗论家，却又在现代诗论中别具一格，发时人未发之论，贻留给我们的是更有力度的理论冲击。这一切都根源于鲁迅那独一无二的文化理性主义。在现代，感情体悟是现代诗人、诗论家的主要思维方式，恐怕恰恰是在这类饱含着各种无意识心理的感性抒情、感性体悟当中，传统中国的诗文化精神隐隐地、柔韧地再生着。特别是，当现代西方诗人诗哲也表现出对中国诗文化的某些倾慕时，更多的人就再难从情志摇荡的适意中陡然惊觉，进入理性的文化反思了，他们再难对中西文化、现代西方诗学与传统中国诗学的内在分别作"有距离"的沉思冥想。（2014 - Z - 1，第 318 页）

大千世界

生活是种律动，须有光有影，有左有右，有晴有雨，滋味就含在这变而不猛的曲折里。

——老舍

在现代中国，其实所有的"正义""反抗"加起来不过就是争取一种最起码的原则——真实，其实我们所有的努力往往不过是在争取人类生存的最下限，而且，在这个早已习惯了"瞒和骗"的世界上，没有比追求"真实"更不容易的了。

——李怡《为了现代的人生——鲁迅阅读笔记》

一个自然化的人格，一副纯净无私与客观世界息息相通的胸怀，当它面对大千世界，最纤细最微弱的信息都会汹涌而来，不可遏制，诗情在这时候开始酝酿，开始涌动，开始生成。这属于诗歌创作的基本心境。自然化的人格在诗的生成之际，仍然需要继续保持那种收敛心性的"自然化"状态，提神太虚、凝神静气地体察外物的生命韵致，这时候，过分锋利的个性棱角会破坏外物的完整，过分亢奋的热情会模糊诗人的耳目。(1994 - Z，第 26 页)

西方诗人显然无意依托山川之境"本身"来表达他们对世界意义的认识，他们笔下的喻象从不在"环境化"当中返回世界的原来的浑一状态，无论是浪漫主义海阔天空的明喻（Simile）还是现代诗歌凝练晦涩的隐喻（Metaphor），这种修辞都仅仅是作为诗人主观意志所选择的一种"技巧"而存在；无论在什么时候，诗人一己的意志都是不容辱没的至尊。(1994 - Z，第 35 页)

中国古典的以社会为题材的诗歌作品有这样一个显著的特征，那就是诗歌一般不对社会现象作纯客观性的描写，而是尽可能地把自我与社会连接起来，贯通起来，自我不是高高在上的理性的审视者，而是社会历史的自觉的承担者。外在的社会现实总能内化成为诗人的道德使命，而诗人的道德使命又不是个体智力的突现，它也必然通过对某个社会角色的认同表现出来，从思维方式上看，这不是与"外感于物，情动于中"十分相似吗？（1994 – Z，第 46 页）

人从大自然中屹立起来，并日渐以世界的主人自居，这时，人之为人显然就取决于他征服世界、改造世界以及按照自己的主观意志不断重新解释世界这一系列的文化活动，与这些文化活动联系在一起的，便是价值判断。人寻找和建立着一个又一个价值标准，又用这样的价值标准来认识世界，判断人生。在价值判断下，客观世界显示了有层次、有顺序，有运动与发展的景象。中国人的价值判断在诗歌作品中催生了"明辨"式的文法追求。（1994 – Z，第 133—134 页）

与之同时，我们又注意到了这样的事实，我们虽然竭力要从大自然当中挣脱出来，以主人翁的心境去褒贬世界，剔抉世界，但他毕竟还是属于自然的一员，属于大千世界的一个成分。对于以个体生命形式存在的人而言，宇宙的恢宏阔大总是无边无涯、无始无终的，而人自身终归是渺小的、短暂的，因而从本质上讲，人是无法掌握世界和准确地解释世界的，在每一番合乎逻辑的解释之后，我们就会生出新的甚至是更多的困惑来。分明地，那原本还是完整的世界景观因我们的"指义"而显出了某些分裂、破败，我们主体意志所假定的层次、顺序似乎并非世界所固有，在我们的判断和世界的本来面目之间，出现了令人尴尬的错位。（1994－Z，第134—135页）

艺术实际上就是艺术家从自身的个性气质出发对人和世界的一种观照方式。艺术家认同什么样的艺术思潮归根到底是由他最基本的个性品格所决定的。（1994－Z，第255页）

一沱停滞不前的水域，汇聚着整条河道的废弃物，残枝败叶，泥沙废渣，腐尸秽物，破铜烂铁，于是便成了一潭名副其实的发酵的"死水"。成都作家李劼人就以《死水微澜》为起点创作了著名的长篇小说"大波"三部曲。李劼人告诉我们，辛亥革命前后的社会大震荡在这潭死水里也仅仅是激起了少许的波澜。（1995－Z，第40页）

研治中国传统文明的人都注意到了存在于这一文明结构中的一组有趣的矛盾：道德至上与世风日下，王道理想与霸道实践。矛盾根源于儒家文化将社会的管制（齐家、治国、平天下）都维系在个人抽象的人格教养上，属于社会意义上的"自律"。"他律"秩序始终没有建立起来；而当个人的精神不堪重负之时，儒家的政治理想和人格理想本身也就被逐渐耗空了，每一个人都明白了在一个无序的社会中权力之于个人私益的重要性，同时每一个人也都懂得道德这面虚悬的旗帜是多么容易压制他人。就这样，越是抽象地鼓吹道德至上，越是不可避免世风日下的事实，越是高悬王道的理想，越是需要在现实贯彻霸道，实力膜拜就这样成了传统中国人基本的文化心理之一，而实力派则是传统中国社会最有影响力的人物。（1995－Z，第60页）

当实力派普遍地都以蛮横的方式显示着自身的影响时，所谓对实力的膜拜实际上就成了对蛮力的信仰。统治者蛮横地敲骨吸髓，被统治者同样也是蛮野的，蛮野地反叛，蛮野地为人，蛮野地对待家庭成员，似乎，没有蛮就不足以证明他们的能力，他们的存在。（1995－Z，第64页）

当然，无休止的人际斗争也让我们知道了"关系"的重要性，似乎只有通过"关系"进入派系圈内，去赢得它的首肯和庇护，生存才是安全和稳定的，于是钻研关系学就成了人们走进社会生活的第一步。李劼人《大波》曾用大量的篇幅细腻地描写了官场中如何察言观色，投机钻营，上下串通，左右摆平，可谓是一部官场关系学之总览了。（1995－Z，第

70 页）

　　并不是每一个四川作家都把他们主要的艺术场景留给了川妹子，在那些"洄水沱"里挣扎得最厉害的当然还是攫取了实力和觊觎着实力的四川男人。不过，出现在四川文学中的女性却是格外的独具魅力，以其浓郁的巴蜀气质令人久久难忘。（1995－Z，第79页）

　　有意思的是，在社会关系中忙碌不堪的四川男人并不永远都是有能力、有威信的，在家庭生活场景中，他们分明受到了四川女性的"排挤"。或者为势所迫，或者外强中干，他们当中的许多人都悄悄卸下了家庭的重担，从家庭权威的位置上退去。在文学的四川，川妹子是家庭大业的脊梁，她们挣钱糊口、抚儿育女，操持着几乎所有的家务。现代四川文学告诉我们，没有川妹子，无数的家业早就在社会动乱中土崩瓦解了，而无数的四川男人也无法长大！生存的艰难把川妹子磨炼得格外的不屈不挠、坚韧不拔。（1995－Z，第79—80页）

　　所有现代四川作家的叛逆和创造都只能在摆脱这一区域的束缚之后方能尽情释放，只有冲出夔门，才能扬帆远航，奔向大海，这也是我们一再看到的文学事实。（1995－Z，第138—

139 页）

青年心态、青春气息究竟意味着什么？如果说老年回忆着过去，中年着眼于现在，那么青年则幻想着未来；如果说老年拥有成熟的思想，中年拥有务实的行动，那么情感则是青年的标志，青年凭着一腔热血去拥抱生活，享受生活，又运用幻想补偿人生的挫折。幻想与情感产生了诗，青春的诗情溢满了许多四川作家的心灵。（1995－Z，第 142 页）

讲述乡土的"特别"故事，使得四川作家往往成了某一生活形态或历史事件独一无二的发现者、记录者。李劼人是保路运动的最杰出的记录者，沙汀是川西北乡镇生活唯一的描绘者，罗淑是沱汇流域盐工与橘农生活的最成功的表现者，周文是川康边地灰暗生活唯一的刻画者，刘盛亚是川东城镇生活与船工生活最优秀的揭示者。（1995－Z，第 181 页）

考察现代四川作家的人生经历，我们看到，正是这种不听天由命，要"打出一条活路来"的愿望促使他们勇于改变自己生存的现实，从停滞落后中突围出去，在中国乃至世界的舞台上寻找新的人生。几乎所有的现代四川作家都是以冲出盆地的方式改变了自己、实现了自我。这种冲出盆地的方式实际上又

是一次"移民",是一次自觉的意义非凡的"移民"。(1995 –
Z,第204页)

现代四川作家这种以自我批判和自我否定为特征的"再
移民"是对移民传统的一种创造性转化,它较多地抛弃了传
统移民文化"故土神圣"观念,又以自我批判的方式强化了
移民对异域文化的大胆接受。移民传统中最活跃、最有生命力
的因素至此得以充分的调动。(1995 – Z,第208页)

笑的奥秘在于我们对某种荒谬事实的洞察。当我们表述着对
这种荒谬事实的意见时,就产生了讽刺与幽默。人类又是如此渴
望用文学的话语来传达自己的喜感,唤起他人的笑意,这样便不
断完善和发展了文学的幽默讽刺艺术。(1995 – Z,第216页)

在任何范畴的人生理想与社会实践的底层,都流淌着人之
为人的最基本的生命意识,亦即生死观念,没有对生命的渴望
和对死亡的恐惧,就根本谈不上什么理想、实践,只有在生的
光华和死的阴暗的互照之下,理想才是必需的,而实践才是有
意义的。(2001 – Z – 2,第55页)

当然,仅仅"穿透"了人生的幻象,仅仅恢复了现实的

"痛感",这还是不够的。我们最终还需要有一个新的思想的图式,只有在新认知完成了对旧学说的替代的时候,中国的人生"问题"才可能豁然开朗,而我们也才会获得"再生"的动力与方向。(2004 – Z,第 43 页)

什么是民族意识?就是你真正体会到了这样的事实:个人的生存、尊严与情感已经别无选择地定位在了一个群体当中。这个群体的整体存在可以直接影响到个人的命运,而个人之于这个群体的积极的贡献完全可以最终体现为个人生存环境的改善。在这个意义上,"民族"与纯粹作为政权意义的"国家"甚至也是有区别的。可惜,在近代中国社会,"民族"与"国家"这些概念都一再为统治阶级所盗用,悲剧性地成为专制主义的工具,这正是鲁迅作为一位真正的民族主义者,却在20 世纪 30 年代坚决批判"民族主义文学"的重要原因。(2004 – Z,第 53 页)

鲁迅真诚的生命关怀还使得他面对一切生命现象都富有超越于常人的自我反省精神,我以为,在鲁迅的自我反省的背后,是一种对于自我生命局限性的深刻认识,它比过去所谓"知识分子劣根性"的社会批判更真切、更动人。(2004 – Z,第 99 页)

理解了鲁迅小说象征主义的"现实人生"指向，我们其实便又一次将考察移回到了中国自身的传统。众所周知，中国古代小说的重要传统就是表现"世态"而不思考"真理"。在鲁迅自由领悟各种艺术传统进行创造性发挥的时候，他颇为熟悉的中国小说精神无疑也将有所作用。在鲁迅后来关于中国古代小说的论述当中，"世情""市井""世态"等都是他的常用语，从中也反映出鲁迅之于中国小说精神的一贯体会。（2004 - Z，第111页）

是的，这一切的言论似乎都比"出离愤怒"的鲁迅更冷静、客观，更像是出自一个知识分子的"理性"，然而，这真的就是所谓的"公道"与"公正"么？什么是公道？人类怎样的选择才是"恰如其分"的"合度"？其实并不会有一个统一的永远适用的标准，它必须置于特定的社会历史环境当中，针对不同性质的事实说话。公道并不是没有是非，公道并不等于骑墙式的"不偏不倚""一分为二"，不辨明事实的本质，仅仅主张矛盾现象的"调和"，这恐怕并非公道的体现。而且当事实的本质不再成为这样的"公道"把持者执着追问的对象时，可能他们倒是真正在帮助强势力量压制弱小了。于是，所谓的"公道"便在实际上成了最为可怕的不公道！（2004 - Z，第137—138页）

在这个世界上，生命之所以如此"理所当然"地被否定，人性之所以如此"顺理成章"地被毒化，其实就在于我们生存的"下限"始终没有确定。这个"下限"就是直面"真实"——包括世界的真实与内心的真实。如果说每一类生存与每一种文明都有着一个"上限"和"下限"，如果说我们可以将对于人类生存发展的宏大未来——宇宙最高的理想生命的追求认定为"上限"，那么对于日常人生行为的最基本准则的坚守便可以称作"下限"。从这个角度来看，传统中国文明崩溃之后，现代中国几乎还没有产生抵达人类奋斗的"上限"的强烈需求——关于宇宙、关于更宏大的生命发展的目标，这些问题都离我们十分的"遥远"。经常困扰着中国人的问题恰恰就是我们生存的"下限"。在现代中国，其实所有的"正义""反抗"加起来不过就是争取一种最起码的原则——真实，其实我们所有的努力往往不过是在争取人类生存的最下限，而且，在这个早已习惯了"瞒和骗"的世界上，没有比追求"真实"更不容易的了。（2004-Z，第148页）

由对世态人生的感悟而进入对自我精神内部结构的观照，这是一个十分正常的精神走向。因为，通常在自我封闭的情况下，人其实是并不能充分认识和把握自己的，这就如同我们也很难把握和了解外面的世界一样。只有当我们同时产生了把握

"内部世界"与"外部世界"的双重愿望时，自我才真正"走出"了封闭，而人生世态也才真正"走进"了自我。这是一个相互作用的过程，在"内"与"外"的相互作用中，外面世界的丰富激发着自我对它的"态度"的丰富，因此恰恰会带来对"我是谁?""我究竟要干什么?""我能够干什么?"之类问题的复杂思考。(2004 - Z，第153—154页)

看起来，在西方最新思想学说的结论中寻觅中国文化的发展方向，又暗暗信奉着以"新"、以"先进"为基础的进化论，并自觉不自觉地将自己所掌握的理论作为真理与他人相对立，这已经成了包括"反现代性"思想流派在内的众多现代文化人的基本理念。所不同的在于，由于我们的"学衡派"和"后现代"都同时恪守着鲜明的文化民族主义立场，所以最终是他们陷入了自相矛盾的思想悖谬当中。(2006 - Z，第102—103页)

"包围""围困"是既有的社会环境对初生生命的一种同化方式，在始终强大的环境中，"被围"的我们注定了陷落的命运，向权威低头，对秩序妥协，在平庸中满足，磨损的是理想，消亡的是信仰，增长的是狡黠，而所有这一切改变的展开，都无不以我们麻木但原本敏锐的感受为前提。不甘于平

庸，不蜷缩于被围，这就需要复活我们的感知，提取我们真切的体验。（2012－Z，第Ⅴ页）

日本，会聚了近代以后急于改变中国文化命运的最大数量的知识分子；日本，也汇集了这些知识分子中最复杂的理想形式——政治的、思想的与文学的，保皇的与革命的，保守的与激进的，青年学子式的与流亡刺客式的。日本，又汇聚和中转着中国知识分子当时最需要的西洋文明，展示着令他们惊羡和自愧的东洋文明，甚至，还发明和传播着丰富的包含了近代文化信息的"汉文词汇"，这一切的一切人生与文化状态，都是传统意义的中国本土作家所未尝经历的，它们足以构成中国近现代作家的丰富而复杂的人生与艺术的体验成分，为我们的新的文学的出现创造了可能。

从"日本体验"的分析出发，当能够对中国现代文学的发生作出更切实的说明，至少我们可以从中读到，一种新的人生体验与文化体验是如何开拓、刷新了我们中国作家的视野，激活了我们的创造潜力，并最终带来文学面貌的重大改变。（2018－Z－1，第10—11页）

这种生活看似是我们选择的，其实我们根本是没得选择，是无选择中的选择，怎么选择都差不多。而且大家还都认为这是我们自己"所选择的",不是别人强加的。这不就是现代社会的特征吗?现代社会不就是给了人自由吗?废除科举考试,看似有了多种的选择余地,但实际上人真的是可以自由选择的吗?穆旦就认为自由当中包含了不自由。现代社会是反自然的社会,自然是危险的,与自然相对的是人类社会制定的规则。"一支笔或是电话机",这是一个典型的机关工作的场景,一个写字间里的日常情景。八小时的工作制,十年二十年,忙碌于一件琐碎的事。而哪怕是这种生活,也不是稳定的,随时可能失去,这就是人世的吝啬。世界不是慷慨的,没有免费的午餐。要学会当奴隶,才能当主人,先要"忍耐和爬行",最初是茫然的,从"幻想底航线卸下"时,谁都是茫然的。当慢慢地适应后,忍耐和爬行之后,终于得到了制度的认可,得到了奖章。但是此时此刻,人变成什么样子了?两眼无神,双肩陷落,被生活的重担压垮了。"头脑现在已经安分",过去有很多的理想,又什么都看不惯,现在终于习惯了,但是生命的蜡烛也已经消耗得差不多了。一生所经历的事情,一个人的生命,只留下一条细线,多么的渺小和微不足道!穆旦把自己的思考和对中国传统的反思结合在一起,这当然也不是现代才有的景观,在某种程度上也是中国自身坚韧传统的一部分。
(2014 – Z – 2,第131—132 页)

其实任何一个人，在他的生命当中，都有与生俱来的很多基因。这个基因包括历史的记忆，一方面历史的记忆作为一种知识性的存在，我们从小学习了很多唐诗宋词，构成我们知识积累的一部分；另一方面，知识性的基因和历史记忆，就像一个人的胃一样，有对原初的唤起你审美快感的记忆的特别嗜好。就好比你的外祖母或者你的妈妈做的饭一样，当你有一天在某个地方吃到这些口味的饭菜，是不需要理由的，会在一瞬间有一种特别的亲切感和应和感。那么，我们从小读到的古典诗歌带给我们的意象和境界，当有一天忽然出现的时候，对你的心里有一个召唤。所以，古典传统永远是我们非常内在的一种温馨以及让我们感觉到蕴藉的审美期待。在这个意义上，我们永远无法摆脱古典诗歌传统给我们的深层影响。当然，反过来说艾略特在《传统与个人才能》中谈论到，相对历史的记忆不是放在空中随手就可以抓来，要等待机遇，同时对个人来说还需要付出努力。他讲出了一个非常复杂的艺术发展的辩证法，看着是属于我们的古老东西，却需要我们重新发挥努力才能把它挖掘出来。艾略特这句话实际上有两层意思：第一层意思是代表了传统既是存在的又是在流动当中存在的，不是僵死不变的；第二层意思是说也许我们通过一种艰苦的努力可以唤起一个历史的记忆，那么唤起的记忆和历史本来的存在很复杂的纠缠在一起。我觉得艾略特这句话给我们的启示就在于：继承古老的传统绝不是一个懒惰的行为，不像别的学习，我躺在那就降临在我身上了。它是需要我们付出，而且是相当的付出，才能得到精髓。所以说，继承传统也需要我们的创造力，没有创造力连传统也继承不了。艾略特这么一说，就把历史复杂的几重关系放在我们面前，我觉得这值得现代的每一个新诗人认真思考。我们今天往往有种误解，以为继承传统就等于保守，就等于把古人的诗拿来放到现代诗歌的追求当中，怎么放得进去呢？只有努力，只有创造才能放得进去。在这个意义上，创造与回归、创造与民族文化复兴，是一个相互可以通达的关系，并不是对立的，而是很复杂的，这样问题就变得丰富了。（2020－3，第45—46页）

权力由于具有天然的俯瞰世界的高度，也具有某种难以替代的自信甚至傲慢，所以与之相关的语言表述也就具有一种独特的力量、强大的气场，以致可能出现某种激荡性、冲击性的效果。只不过，权力化生的效果在本质上还是为了权力的巩固，它不会也不可能是为了语言本身的丰富多样，更不是为文学的表述增添异彩，也就是说，它不是一般地赋予语言一种特殊气质，过于强大的权力化语言会改变语言的自然的、开放的，压缩它的生命力，使之简单、直接到粗暴，最后导致其残缺。（2020－7，第129页）

诗心雕龙

诗是我们底自我最高的表现，是我们全人格最纯粹的结晶。

——梁宗岱

读诗的关键首先是我们要回到体验之中，要抓住和分析自己的感觉，从内向外发散自己的思想，而不是利用外部的概念向内挤压，强作解释。

——李怡《中国新诗讲稿·绪论》

所有这一切，似乎都要求我们的阐释走过一条艰难曲折的道路，我们须得擦净现代诗歌概念中的那些西方文化痕迹（"本土化"已使得它们面目全非了），又得拨开中国诗人种种的"误读""反读"所带来的种种歧义（歧义会错误地牵引我们的视线，有一叶障目之弊）。在这个意义上，我认为走出阐释困窘的选择便是：走向新诗本体！（1994－Z，第5页）

从审美理想来看，诗与小说、戏剧等叙事性文学不同，它抛弃了对现实图景的模仿和再造，转而直接袒露人们最深层的生命体验和美学理想。当现实图景的运动带动叙事性的文学在流转中较快地过渡到一个新的历史时代时，诗还是无法掩饰人内心深处最稳定的一面。于是，诗就被"搁浅"了，它让人们清清楚楚地看到了民族集体无意识心理。（1994－Z，第10页）

如果说在西方诗歌自我否定的螺旋式发展中，民族文化的沉淀尚须小心辨识方可发现，那么，中国诗歌不都如此，在漫长的历史中建立的一个又一个的古典理想常常都为今人公开地反复地赞叹着，恢复诗的盛唐景象更是无数中国人的愿望。在中国，民族诗歌文化的原型并非隐秘的存在，只会在"梦"里泄漏出来，相反，它似乎已经由无意识向意识渗透，回忆、呼唤、把玩古典诗歌理想，是人们的现实需要的一部分，维

护、认同古典诗歌的表现模式是自觉的追求。（1994 – Z，第
10 页）

如果中国现代诗人将古典诗美因素仅仅作为一种潜能，一
种不具备现代特征的诗学潜能，有意识地结合现代文化的发展
加以改造性的利用，如果传统诗歌的文化因素能在一个更深的
层面上存在下来，并注入更多的新的文化养分，让"陌生化"
和"亲切感"相并存，并互为张力，那么，古典诗艺的影响
又未尝不可以更具积极性、更具正面的意义。在这方面，20
世纪 40 年代的九叶诗人或许为我们树立了良好的榜样。当然，
纵观中国现代新诗史，我认为不得不指出的一点是，古典诗歌
影响的负面意义似乎更让人忧虑，中国现代新诗创作和阐释的
艰难也似乎都与这一负面性的意义有关。（1994 – Z，第 10 页）

中国新诗并不曾沿着西方诗学所牵引的方向走向成熟，中
国新诗的"成熟"是以它在诗学追求上的转向为前提的；没
有民族文化精神的复归，中国新诗也就没有它后来所表现出的
那种"成熟"。这样，从整个历史的发展来看，我们似乎可以
认为，中国新诗的发生具有某种"二次"性，中国现代新诗
的生成至少具有两种不同的文化根基。（1994 – Z，第 19 页）

　　"兴"孕育自中国原始宗教，但它的成熟却主要得力于消解这一宗教精神的"人文化"的传统哲学。所以，"兴"的本质就不是宗教的迷狂而是诗人一瞬间返回"天人合一"状态的微妙体验。（1994 – Z，第 28 页）

　　中国现代诗人所接受的全部蒙学教育就是"超稳定"存在着的汉语言系统，这就在他们内心深处形成了一个根深蒂固的"语言共核"，他们个体化创作的"言语"必然要受到这个"核"的制约，"核"提供了艺术的语言库以及变通的可能性；尤其是对诗而言，白话与文言的区别并不大，其内在的语言结构如词法、句法、章法、音韵等绝无本质性的差别。语言深层结构上的同一性是中国现代新诗再现古典诗歌修辞现象的重要基础。（1994 – Z，第 33 页）

　　这些物象都隔着千山万水，很难在某一个自然环境里浑融统一起来，那么，又是什么东西把它们连接到一处的呢？是人主观性的感受和思索。藉着自身的思辨能力，西方诗人无所顾忌地拉大喻体和本体之间的距离，喻象几乎就不可能返回世界"本体"的自然状态，比喻仅仅只是技巧，是手法。（1994 – Z，第 35 页）

我们似乎会留下这样的印象：中国现代新诗的比喻纯粹就是古典诗歌修辞传统的简单再现。其实，问题还不是这么的简单。中国现代新诗终究属于20世纪语境的产物，理所当然地，它必须面对和回应20世纪中国的风浪与剧变，作为对一个变动着的时代的话语表述，修辞亦将对自身的传统进行适当的调整。当世界的"本体"已经动荡不安，"喻体"还可能固守那一份清静么？当工业时代的机器、枪炮和生存竞争占据了诗人的人生，他们还能仅仅靠几片落花、几丝杨柳来自我"映射"么？20世纪愈来愈走向沉重，走进复杂，落花、杨柳毕竟还是轻软了，单纯了。（1994 - Z，第37—38页）

在"物"中求得自我的体认是中国古代哲学的总体精神，儒家以社会伦理为"物"，道、释以自然存在为"物"。作为传达这一哲学精神的诗歌，它最显著的特征就是否认人是世界的主宰和菁华，努力在外物的运动节奏中求取精神的和谐。在诗歌的理想境界之中，个人的情感专利被取缔了，自我意识泯灭了（"无我""虚静"），人返回到客观世界的怀抱，成为客观世界的一个有机成分，恢复到与山川草木、鸟兽虫鱼亲近平等的地位，自我物化了。诗歌游刃有余地呈示着物态化的自我所能感受到的世界本来的浑融和韵致，这就是中国古典诗歌艺术的基本文化特征。它并不否定情志，但却把情志视作物我感应的结果，它也热衷于"模仿"世界，但又透过模仿的机械化外表显示着生命本然意义的灵动。诗人放弃唯我独尊的心态，拒绝旁若无人的抒情，转为"体物"，转为捕捉外物对心灵的轻微感发。于是，诗人仿佛另换了一副心灵，它无私忘我，化入一片清虚之中，通过对象的存在而获得自身的存在，物即我，我即物，物化于我心，我心化于物，这就是所谓的"物态化"。物态化艺术的理想境界不是个人情绪的壮阔，不是主观思辨的玄奥，而是物我平等，物物和谐，"物各自然"。也就是说，这是一个万事万物都各得其所、各安其位又气象浑融的物理世界，我们谓之"意境"。（1994 – Z，第44—45 页）

"物态化"是中国现代新诗的民族根性，"意志化"又是西学东渐时代的必然趋向。在中国新诗运动中，这两种文化追求盘错在一起，彼此矛盾、消长，形成了中国现代新诗在文化特征上的复杂性。这样，意志化和物态化都不可能再完整地显示自己固有的价值取向，它们在与对方的碰撞当中彼此消耗、削弱，而双方在一定角度上的相似性又促成了它们有趣的"融合"。（1994 – Z，第57 页）

中国现代新诗物态化与意志化追求的"融合"向来就是深孚人心的理想。显然，如果融合真能成功，将给那些还踯躅于文化冲突之歧路上的人们以莫大的安慰和鼓舞！但是，文化的融合却又包含着多少复杂的程序呢，对于"文化中"的我们来说，要清晰地辨明它们之间的相通与相异、相生与相克，谈何容易！"文化"或许本身就是一处极难跨越的陷阱吧，我当然不能宣判"文化中"就等于"陷阱中"，但是，这种主观愿望与冷峻现实的巨大差距却无疑是存在的。于是乎，我们所谓的两种文化在"相似性"基础上的融合又必然暗含着种种的"误读"。

中国现代诗人就是在"误读"当中融合中西诗歌的文化追求的。（1994 – Z，第58—59页）

从原型批评的角度来看，这不难解释。尽管中国现代新诗是对古典诗歌的反拨，尽管从审美趋向、句法形式、格律音韵等方面，中国新诗都与中国传统诗歌产生了很大的差别，尽管这两种诗歌的差别又属于更宏大更关键的社会文化属性的差别，但是，在中国现代知识分子的精神结构中，传统诗歌文化的元素显然格外丰富，并且"先入为主"地铺垫在了其智力系统的底部，形成了厚厚的一层，任何外来的元素以及社会文化变迁的震撼都只能是由外而内，由浅而深的缓缓渗透。就在这样一个漫长的渗透过程进行的同时，"原初"的传统诗歌文化品格也与诗人自我的基本生命追求日渐交融，对中国诗人的人生观、世界观、艺术观产生着潜移默化的影响。从某种意义上看，传统的诗歌意象甚至已经成了与各种现实感受相对应的符号。当中国现代诗人面对纷至沓来的现实景象，当他们需要用符号的艺术来显示这诸多复杂的感受时，中国传统诗歌的意象、境界和人格精神就情不自禁地迸射了出来，并且时常较外来的诗歌意象更亲切、更熨帖。(1994－Z，第63页)

"举世皆浊我独清""吾将上下而求索"，这大约就是对屈骚个体自由的基本概括。前一句话表明了诗人的内心世界，他的个体人格；后一句话则显示了诗人的现实追求。个体精神的这两个方面都展现在了中国现代新诗的创作里。(1994－Z，第68页)

当自由转换为逍遥，实际上也就与中国古典诗歌在魏晋唐宋时代的成熟形态沟通了。如果说屈骚式的自由与西方诗歌的自由属于"似是而非"，那么，它与中国魏晋唐宋时代的理想则可以说是"似非而是"。(1994－Z，第73页)

物态化是中国古典诗歌的文化特征。这也就是物化于我，我化于物，物我和谐，天人合一。所谓的"物"通常都是指大自然，但也包括了社会（以及社会的种种道德规范），物我和谐既是人与大自然的和谐，又是人与社会的和谐。汉儒的"天人感应"就是将这两种形式的和谐统一了起来，这种统一进一步推动了中国诗歌物态化理想的完善。（1994－Z，第73页）

新月派、象征派与现代派似乎都是在学习西方的近现代诗歌的过程中返回了自己的古典传统，西方的诗歌总是鼓励他们在"一见如故"之时更大胆地侧重于传统诗风的继承，但是，不容忽视的是，西方诗歌（包括巴那斯主义、象征主义等）毕竟还是属于另一文化系统的东西，它一旦被纳入中国诗歌体系就不会在短时期内被融解消化，作为西方诗文化的符号，它还会顽固地散发信息，传播自身的影响。这些域外信息与现代中国的时代氛围（突破封闭、建立于广泛的世界联系基础上的动荡、喧嚣的生存环境）结合起来，为中国传统诗歌精神在现代的生长设置了重重障碍，干扰甚至破坏了人们建设着的古典的"物化"意境。（1994－Z，第86页）

如果我们承认晋唐诗歌的"意境"创造代表了中国古典诗歌传统最典型的形态，那么，宋诗对"意境"的偏离则体现了中国古典诗歌中一种十分难得的"反传统"力量，宋诗便是存在于传统之中的"反传统"文化原型。（1994－Z，第92页）

真正对中国现代新诗构成巨大历史压力的显然不是所有的中国古典诗歌。明清没落期的衰弱的中国古诗不大可能成为中国新诗发展的绊脚石，因为在这个时候，传统艺术的黯淡无光倒恰恰证明了开拓前进的必要性，并且赋予中国诗人莫大的自信心和优越感；能够对稚嫩的新生的艺术造成巨大威慑的是古典艺术的极盛期，是在它的思想和艺术等各个方面都散发出无穷魅力的时代，它的存在、它的辉煌都时刻反衬出新生力量的羸弱、渺小和粗陋。如前文所述，中国古典诗歌传统的典型形态是晋唐诗歌，所以，与中国现代新诗形成历史对抗的"传统"元素正存在于晋唐，中国新诗要摆脱古典诗歌的束缚，建立新的富有时代精神的美学理想，就必然突破晋唐传统的艺术模式，包括自我物化、天人合一等内容自然都得"价值重估"。宋诗正是在这样一个背景上为现代新诗提供了可资借鉴的诗学取向。（1994 – Z，第 94 页）

歌谣的调节修正不时给中国古典诗歌的发展输送能量，帮助它在每一回的空虚颓败之际渡过难关，转入新一轮的历史。（1994 – Z，第 110 页）

考察中国古典诗歌的文法追求，我们看到，存在着这样两种方式的词句结构：其一是致力于语词涵意的明晰性、准确性，句子篇章富有逻辑性、思辨性；其二是有意模糊语词的内涵与外延，造句自由而随意，没有固定的规则，全篇各句之间的关系以"并列"为主，非逻辑、非因果。前者发挥了语言追踪主观思维运动、以言尽意的"明辨"功能；后者则分明保持了语词与主观思维的距离，陈述无意直奔主题，组词成句、联句成篇的语法规则都不重要，谨严有序的语言法则仿佛可以变通，甚至"忘却"。参照一些学者对古典诗学的阐释，我把这两种文法追求分别概括为"明辨"和"忘言"，简称就是"辨"与"忘"。（1994－Z，第127页）

中国古典诗歌的"忘言"追求产生在传统诗文化高度成熟的时代，尤以唐诗宋词为典型。这是一个有趣的现实，一方面是诗歌文化的高度发达与成熟，另一方面却又是消退"文化"的努力。其实这本身是十分正常的，中国诗文化的高度发达和成熟同道释二家的哲学思想向着诗的渗透息息相关，而道释二家又都在不同的意义上消解着以人为主体的"文化"，对文化中人的立体性作某种形式的消解是中国传统文化一个显著特色。中国诗歌的"文人化"品格并不意味着对文化的开拓和对文化创造活动的激赏与推动，它的取向可能恰恰相反。于是，倒是在中国诗歌趋向成熟又尚未成熟的时代或者是在盛极而衰的转折期，"文化追求"的气质才是比较浓厚的。（1994－Z，第136页）

在整个汉语诗歌的文法史上，"辨"与"忘"的关系都是循环中的螺旋发展。如果说，中国古典诗歌是以"忘"为最高典范，由"忘"来牵掣"辨"的发展，那么，中国现代新诗则进入"辨"与"忘"彼此矛盾对立的复杂时代，而且"辨"反过来开始制约着"忘"的发展，这是现代诗歌文法追求的新的特点。（1994－Z，第143页）

音韵是诗内在的生命和外在的标志。在所有文学品种的本文结构当中，似乎只有诗才如此深入地嵌进了韵律节奏因素，无论远古还是当今，域内还是域外，格律还是自由，没有韵律节奏，就无所谓诗了。（1994－Z，第143页）

可以这样说，经由中国古典诗歌的研磨、涵化和推广，音节的匀齐感已经深入所有汉语言说者的心底，成了他们不自觉的一种语句"期待"，特别是成为汉语诗人的一份重要的音律美学"需要"。（1994－Z，第150页）

中国现代新诗从思想到形式反拨古典诗歌而自创一格这一历史事实本身就表现出了鲜明的、自由的"拗峭"的精神，没有自由，就不足以与现代社会蓬勃发展、锐意进取的文化背景相适应，没有拗峭，也不足以与现代口语之自然流泻形态相吻合，也就不能从极盛期中国古典诗歌庄正典雅的压力下解放出来，获得自己独立发展的空间。由此，中国古典诗韵传统中那常常被掩盖着、排挤着的"拗峭"追求便也史无前例地得到了强化。（1994 – Z，第 163 页）

陶渊明、王维所代表的晋唐诗歌属于中国古典诗歌的"自觉"形态。中国诗歌在这一时期由"自由"走向成熟，恰恰是中国传统文化"大一统""超稳定"的产物。"大一统""超稳定"为中国文人提供了较先秦时代相对"坦荡"的出路，但却剥夺了那"纵横"驰骋的自由选择，中国文人被确定为一个严密系统中的有限的、微弱的个体，从属于"自我"的本性就这样日渐消融，或失散在了"社会"当中，或淡化在了"自然"当中，儒释道的成熟和它们之间的融洽共同影响着中国诗歌"自觉"形态的基本特征：（1）自我的消解、个性的淡化。（2）人接受着客观世界的调理，追求"人天合一"。（3）诗歌追求圆融浑成的"意境"，"隐秀"是其新的美学取向。（4）诗歌的典型气质是"恬淡无为"，显示出一种"宁静致远"的静态美。（1994 – Z，第 188 页）

整个中国现代诗歌的发生发展，都可以说是对中国传统诗歌文化的一种调整，人们逐渐挣脱传统审美境界与语言模式的束缚，寻找着具有现代意义的诗歌样式。不过，在如何理解中国传统，又如何进行现代意义的调整这一过程当中，不同的诗人却有着完全不同的选择。正是来自个体在选择上的千差万别决定了中国现代新诗的千姿百态——它的特征与取向，成功与失败。（1994－Z，第201页）

应当说，整个中国现代新诗史从来也没有割断与历史传统的血缘联系，中国现代诗人当中，从人生态度、学术思想到创作实践，我们都不难发现传统文化的深刻印迹。这些印迹在积极建设新诗的人身上存在，在一度挑剔、反对新诗建设的人身上也存在。（1994－Z，第203页）

传统诗歌理想在现代社会的精致的再构必然要求它包容一定数量的现代信息，因为成功的再构只能交由现代的诗人与现代的读者来进行，过分迂执地强调古典诗歌式的整齐反倒不利于传统理想的实现。所以说，闻一多的迂执在事实上是拉开了与传统的距离，最终走向对传统的拆解，而徐志摩的变通却是真正进入了传统文化的境界，完成了对传统理想的一次相当成功的再现。（1994－Z，第229页）

以痛苦作为诗歌的情感基调这正是戴望舒有别于前辈诗人

的现代性趋向。郭沫若在情绪的潮汐中沉浮，亢奋是他创作的基调，闻一多在历史与现实的错位里挣扎，矛盾是他的基调，徐志摩在大自然的怀抱里逍遥，恬适是他的基调。从某种意义上讲，痛苦来自诗人深刻的现实体验，属于"现代"的产物。（1994－Z，第235页）

众所周知，以象征、暗示代替直接的抒情与陈述，这正是中国古典诗歌在漫长的历史发展中总结出来的艺术手段，特别是温庭筠、李商隐的诗词创作更是使这一艺术日臻完善了。法国象征主义在世纪之交所推崇所进行的艺术探索是与中国古典诗歌的传统暗合了，东西方诗歌艺术所谓的"纯粹"交融在了一起，这是不是就是戴望舒所谓的永远不会变值的"诗之精髓"呢？在接受西方先进诗艺的同时，他找到了古典传统的"精髓"，于是，中西两大文化的"异样"因素便再一次的统一了起来。（1994－Z，第242页）

田间开始写诗了。在诗中记录着他记忆中的乡村的苦难，再现战争阴云笼罩下的不幸的人们，还有他的漂泊，他的日益刚强的意志。来自乡村的田间本来就是纯朴的，他还没有某些左翼革命作家的理论大厦和在社会熔炉中锻造出来的成熟、从容与豪壮，有的只是对生活的真切体会以及他少年时代所获得的诗感与语感，虽难免单纯和幼稚，却那么的真诚！恐怕正因为如此，他的几首尝试之作引起了胡风莫大的兴趣，显然，胡风所孜孜以求的艺术的"真"，正是田间诗歌的基本特征。（2001 – Z – 1，第23—24页）

在艺术上探索"先锋性"时，一般都很少涉及西南地区的几位诗人——尽管我们西南地区的"新诗潮"诗人不乏敏锐与才情，但的确在新时期一个较长的时间中都显得比较朴质。他们的诗歌并不怎么"朦胧"，并不怎么"前卫"，因此还曾被认为是有着某些"现实主义"的风格。（2002 – Z – 2，第8页）

最极端地显示了"第三代"诗歌反传统姿态的是四川的"非非主义"。他们不仅以诗更以其创造的系列概念建构着一种彻底的反传统追求：他们竭力要摆脱的不仅仅是一般意义的诗歌传统，而是束缚着人类生命与语言的"文化"，以诗为媒，"还原"到"前文化"的状态中去。（2002 – Z – 2，第15页）

"第三代"诗歌的这种反传统的"个性狂欢"在西南地区上演得最盛大最多姿多彩。这一引人瞩目的现象很容易让我们想起这一地域特殊的文化格局，想起这样的地域文化格局对西南既往文化的相似的"激发"。无论是从传统中国或是从现代中国的整体发展来看，大西南"偏于一隅"的地域位置都决定了它在整个中国文化版图上的"边缘性"。而这种边缘性的结果又往往是双向的，它既可能造成封闭状态下的迟钝，也带来了偏离主流文化潮流中心话语压力的某种自由与轻快。于是，一旦社会的发展给大西南人某种创造的刺激和召唤，他们那无所顾忌的果敢与勇毅也同样的令人惊叹。(2002 - Z - 2，第 16 页)

这说明，中国现代新诗从语言形式的革命上起步是有道理的，但由于中国传统文化的巨大影响，早期白话诗人尚未产生西方人那种以形式覆颠精神的自觉意识，当形式固有的对精神特征的有限作用被开掘完毕，白话新诗就再难给人们提供新的内容了。(2001 - Z - 2，第 109 页)

中国现代新诗从个性主义到抒情达志，在审美上顺应了中国人的心理，于是，它声誉高涨，一反初创时期四面受敌的窘态。到新月诗人提出格律化理论，做到有节制地抒情，倒恰是这一审美流变的正常现象。任何格律的限制，本质上都反映了诗情的类型化倾向和理性自制的精神，这两点在中国古典诗歌中最为突出，因而中国古典诗歌的格律形式也最为严格。在20 年代初期，由于个性主义没有真正贯彻，诗情很快注入同一条河流，这时候，新月派出来修筑堤岸，规则一下河道，乃合理之举。只有在一定的格律框架中，白话口语的自由性才可能得以必要的削弱，从而利于现代诗人重新营造一座座自我平衡的象牙塔。(2001 - Z - 2，第 112 页)

中国现代派诗歌在中西汇融的道路上较前辈进一步接近了古典美学的理想境界，它赢得了更多的中国读者，但也因而未能从深层的文化精神中突破传统、转化传统。生活在 20 世纪工业文明冲击中的中国现代诗人，实际上已不大可能维持古典文化的"虚境"体验了，有意识创造的"意境"终究也不能与古人无意识迷醉的人生境界相媲美。这是历史所赋予的必然差距，它从根本上决定了一个现代人折返传统时所难以避免的精神眷乱。(2001 - Z - 2，第 123 页)

尽管如此，中国现代新诗到 20 世纪 40 年代毕竟也发生了很大的变化。空前的战乱、颠沛流离的苦难生活已经一点一点地撕碎了前辈诗人所迷醉的梦境。亡命在大半个中国的土地上，却没有一个地方能安放下卞之琳那样的"圆宝盒"，现实让他们睁大布满血丝的眼睛，读解世界的梦魇和狞笑。(2001 - Z - 2，第 124 页)

问题在于，中国现代诗人为什么对巴那斯主义的节制与工巧念念不忘，依依不舍？

答案正好可以在中国古典诗学中找到。从魏晋到唐宋，中国古典诗歌艺术成熟的重要标志便是对诗情的修饰和对形式的打磨。相对于屈骚时代的自由宣泄来说，魏晋唐诗宋词自然就是节制而工巧的。（2001－Z－2，第130页）

作为一种"诗"的艺术，《野草》的世态体验不必如《呐喊》《彷徨》一般地营造生活事件的完整性，而是属于个人精神层面的高度抽象与概括。而且，由于挣脱了现实生活的逻辑空间，《野草》对人生世事的展示就完全可以更自由更集中或者更极端地突出个人化的色彩。（2004－Z，第142页）

在穆旦笔下，现代社会的喜怒哀乐，生命本体的矛盾困惑被丰富地呈现了出来，获得了全面而深刻的表现。在20世纪二三十年代的象征派、现代派诗人那里，我们读得更多的是古典的含蓄与隐晦，而到了穆旦诗歌，则代之以真正的现代主义式的挣扎与纠缠，这是一种新的时代主题、新的美学原则。在如《城市的舞》这样的观察中，都市呈现出了与传统中国乡村完全不同的形态，让我们重新思考什么是我们想象中的"诗意"。（2011－Z，第7页）

总之，穆旦是中国新诗史上天才般的诗人，他的出现不是历史的孤立现象，从某种意义上看，也体现出了中国新诗在20世纪40年代的历史转换的一种要求。在五四白话诗歌运动中创立的中国新诗经过多种艺术探索，也取得了多种成就，但始终未能解决表现现代生活与维护传统艺术理想之间的矛盾。特别是坚持"纯诗"追求的中国现代派诗歌，更多的还是举着"中西融合"的旗帜重新返回了中国古典诗歌的艺术情趣。这一"回归"在离开现实体验的道路上越走越远，并逐渐陷入褊狭的艺术格局当中。（2011 - Z，第8页）

胡适的《尝试集》是一个不稳定的文本。"不稳定"是因为胡适对中国诗歌该怎么尝试是不确定的，所以他的诗集每版都改。他经常让当时的有名的学者文人给他改诗，可见他自己都还在摸索中。这是他当时的基本姿态。因此，《尝试集》呈现出了过渡性。

另外，对于《尝试集》还有一个问题要订正。《尝试集》号称是中国现代新诗史上第一部个人白话诗集，这是不准确的。《尝试集》根本不是一个纯粹的白话诗集，而且在数量上，传统形式的诗占的比例更大。这恰恰证明了《尝试集》的历史过渡性。但《尝试集》中，近体诗很少，很多是古诗，或类似宋诗的诗。在这当中又可以看到胡适从传统走向新诗的

生动的过程。（2014－Z－2，第51页）

诗人，大体上都是有特殊禀赋的人，他们无法借助于人类已成的文化规范来表述自己；而学者则相反，他们能够有效地借助已有的文化规范完成自己。小说家和戏剧家也有很多理性的方式和原则来表达自己，唯有诗人，是赤裸裸的。所以美国著名华人学者王德威称郭沫若是"裸身呐喊"。诗人不就是可以裸身呐喊的吗？可能是到了今天，我们的社会中产、成功人士，再也不必裸身呐喊了，一律都是西装革履。但问题也在这里：一个西装革履的人怎么能理解一个裸身呐喊的人呢？所以，我们今天常常没法理解郭沫若的性情与方式，常常也不能理解一个诗人的情感态度，这不是我们的时代进步了，而是时代影响下的我们离一个诗人真实的自我更远了。（2014－Z－2，第55页）

这首诗写得如此恐怖。是什么意思呢？诗描写的是一个女鬼，渲染了鬼如何出现又消失的过程。鬼在深更半夜、阴气很重的气氛中出现，癞蛤蟆在中国传统中是很阴性的不吉之物，而癞蛤蟆都抽"寒噤"，说明阴气极重。按照民间说法，鬼是没有影子的，所以"妇人身旁找不出阴影"。最后，鬼哭了半天，在天亮前夕消失了。闻一多客观地描写了鬼的出没过程。

但是，这是诗歌版的《聊斋志异》么？诗人显然不是纯粹好奇，用诗来讲一个民间的传说故事。这里依然是情绪的表现，读《夜歌》，重要的还是要把握它内在的情绪。如何来把握呢？还是要通过字里行间的信息来琢磨体会。这首诗写了一个什么鬼？这是一个冤死鬼，孤魂野鬼。非正常死亡的冤死鬼，不能投胎，没有去处，它的灵魂只能随风飘荡，非常凄惨。民间传说的鬼，自杀或被害的，夭折的，等等，都是没有去处的孤魂野鬼。闻一多写的这个女鬼就是如此，她还年轻，而且穿猩红的衫子，还是个厉鬼。这个鬼是很凄苦的，她没有办法凭她的力量来改变什么，只有在荒郊野外痛哭，而且这个痛苦是看不到尽头的。她充满怨气，无处申冤。到这一步，可算是抵达了这首诗的第二个层次。其实，这一切都是闻一多的情绪写照。任何写作都是"白日梦"。他写这个不是出于好奇，而是一种情绪的对应，他要在鬼的身上找到情绪的对应。这就是一种悲苦冤屈无人诉说的情绪，这个情绪在一个冤死的鬼那里找到了最好的对应。在这个意义上，这个"鬼"到底是谁呢？其实就是闻一多自己。这个结论一点都不惊人，闻一多自己就几次说自己就是个鬼。（2014－Z－2，第77—78页）

"想独上高楼读一遍《罗马衰亡史》，忽有罗马灭亡星出现在报上"，单从这一句是无法明白诗意的，必须要回到整首诗。这是我们解读一首晦涩的或含义比较混沌的诗的钥匙。这句诗所传达的东西其实是每个人都会有的感觉，就是跨越时空带来的奇妙感觉。读《罗马衰帝国亡史》，这是纯粹的阅读，阅读的是与我们今天的生活看似没有关系的时代的历史，但是人类往往就生存在一个复杂的结构中，不仅有空间的联系，还有时间的联系。当诗人读罗马史的时候，刚好看到报纸上的消息，就是"罗马灭亡星"在宇审中爆发了。由于距离遥远，这颗星爆发的时候就相当于地球上人类的罗马时期，但直到今天光线才传到地球上，如果有一个可以跨越这个巨大的空间的装置，那么这颗星就见证了罗马的灭亡。这骤然让我们感觉离罗马很近，而这是非常奇妙的。一个不可思议的漫长的时间，居然就叠合在了一起。这就是人类遭遇的奇妙性。接下来的诗句都是构织了对这种奇妙关系的发现，都有一个共同的指向。再看后面的几句："寄来的风景也暮色苍茫了"，"风景"就是指风景明信片，"暮色苍茫"，从前面到后面，诗人是从真实的现实的时空遐想转为了梦境的体验，借助梦境从想象进入了一种梦中的"实在"。"忽听得一千重门外有自己的名字"，仿佛听到一千重门外有人叫自己的名字，这里传达的仍然是一种巨大的空间感、恍惚感。"我的盆舟没有人戏弄吗"，说的是聊斋中关于凭借道术游历的故事：屋里水盆中的小船的稳定影响了江河上正在旅行的真正的舟船，小的时空拨动了大的时空，这是奇异的中国道家的时间观。过去所谓"袖里乾坤，壶中天地"，也就是这种大与小的相对关系，但所有的现实的恍惚和梦境的迷离都最后消失了，因为朋友的来访。（2014－Z－2，第101—102页）

不幸的是，历史的发展似乎再一次证实了艾青的忧虑。"第三代"以后，中国式的"后现代"游戏逐步消解了一切严肃的"建构"，包括诗歌"形态"的建构，甚至还包括诗歌本身，艾青当年的隐忧已经演变成了现实的某种"危机"。

在我看来，自"第三代"诗歌开始，不断遭受冲击的主要不是"散文化"与"非散文化"的争论，甚至也不是传统经常讨论的诗歌的韵律形式问题，而是一些更基本的诗歌原则，如诗歌"意义"——什么叫诗歌的意义，在嘲弄传统诗歌的"高雅"或者"严肃"之后，我们能否提供新的"意义"？甚至诗歌还需要不需要表达集中的"意义"，诗歌还需要不需要体验和关注人生，需要不需要思考生命，需要不需要在林林总总的艺术方式（如绘画、影视、舞台艺术）中自我标识，需要不需要有关于句子和词语的独特处理，这些都一再被挪移、被改变，甚至被取消。我们几乎可以说，一切关于"诗"的底线都在消失之中。如果从1949年中国新诗日渐僵化的表达来看，以单个的词汇（或者说意象）传达诗人想象肯定属于历史的突破，但是从时至今日中国新诗不断突破艺术底线的后果来看，恰恰是这样的选择开启了诗歌自我解构的潜在流向。于是，艾青的质疑是否又可以说是一种对未来的隐忧？而且是相当敏锐的充满洞察力的远见？（2010 – J，第375页）

我始终在寻找一个最准确的表达中国新诗古今关系的说法。这本书一出来影响比较大，因为它是第一本系统研究中国新诗古今关系的著作，过去没有那么详细研究过这个问题，大家也都比较留意。但是，很快就产生了一个问题，在评价这本书的人当中有一个观点：20世纪80年代太强调外国诗歌对中国诗歌的影响，好像使得中国诗歌走上了邪路，只有回归传统，新诗才能找到一条路。这个观点让我很警觉：是不是我这本书给人造成了一个印象，就是要为中国新诗发展指出一条路，而这条路是批判向西方学习倡导中国新诗回归传统。我要说的是这个根本不是我的本意，实质上中国新诗永远都应该在一个开放的姿态下。我想说明的是，不管如何学习西方，都不能忽视骨子里依然有中国自身诗歌传统影响的事实。因为90年代初有一种清算80年代西化传统的倾向，其实我的追求和这个倾向没有关系，但可能被人误读。我不愿意被人误读，不愿意被人认为是一个中国新诗发展的保守主义者，我的整个要论述的中心都不是说中国新诗只有回归传统才有路，其实书中有提到回归传统并不是一条好的路，不要产生误解，但是人们不注意这个问题，都觉得是在谈古今关系，而且把我的事实描述解读为价值观的倡导，这两个是不一样的。所以后来不断地修订，其实就是不断地要让我的这个思想凸显出来，而且后来我还在最新的人民大学的版本导论里加了一段，专门论述有关传统的不同理解。传统仅仅指的是中国古代的传统，这只是一种理解，中国新诗自身也构成了传统，而且从中国诗歌史的事实来看，一味只强调对传统的继承，实质上阻碍了中国新诗的发展。到最后更是这样，我在书中有意把穆旦加进去了，因为穆旦恰恰是一个反传统的诗人，加入穆旦就是想证明我所说的传统含义是很丰富的，所以你说的总趋势就是这个趋势，让人更完整的体会到我的思想和含义，所以我主要想表达这个意思。（2020－3，第44—45页）

吾土吾民

我爱中国固因他是我的祖国，而尤因他是有他那种可敬爱的文化的国家。

——闻一多

20 世纪的中国知识分子当然会有种种"现代"的问题。不过，这应该是我们自己的问题，是在我们自己的文化环境中体会和感受的东西。

——李怡《现代性：批判的批判》

外来的启示难道就能够取代自我的生成么？新的生命体的生成总是对固有生命质素的利用、组合和调整，外来能量是重要的，但外来的影响终究也要调动固有生命系统的运动才能产生作用。（1994 - Z，第 17 页）

现代中国社会依然动荡不安，列强威慑，外寇入侵，民族危亡的阴云笼罩着大地，翻卷在"救亡图存"中的中国知识分子心里，这都与屈原时代颇有相似之处。而外来的西方自由民主观念在强化中国诗人个性意识、激励其自我实现欲望的同时却也带来了更深的失落体验，愈是个性张扬，自我的发展愈是陷入孤独零落、众叛亲离的境地，也愈是感到怀才不遇、报国无门的痛苦。仅就这一心理事实来说，相对于中国封建社会的所有时候，现代诗人与屈原在文化根源上的相似性不仅没有减少，反倒是强化了。也正因为诸种流派的绝大多数中国现代诗人都置身于这样的生存体验之中，所以屈骚也就浸润了许许多多的中国现代诗人，成了一个较有广泛影响的"原型"现象。（1994 - Z，第 64—65 页）

强烈的社会责任感又是贯穿于所有这些"反传统"作品中的重要人生态度。胡适、沈尹默、刘半农、刘大白等人的早期白话诗作中洋溢着浓厚的人道主义精神，表现"今日的贫民社会，如工厂之男女工人，人力车夫，内地农家，各处大卖贩及小商铺，一切痛苦情形"，蒋光赤、殷夫"勉力为东亚革命的歌者"，"中国诗歌会"想要"打碎这乌黑的天地"，左翼革命的热诚无疑强化了诗人干预社会的愿望，而抗战的爆发又把更多的诗人推到了民族存亡的庄严主题之下，田间以"燃烧""粗野""愤怒"的诗句书写"斗争的记录"，艾青"以最高的热度赞美着光明，赞美着民主"，九叶派诗人也认为："今日诗作者如果还有摆脱任何政治生活影响的意念，则他不仅自陷于池鱼离水的虚幻祈求，及遭到一旦实现后必随之而来的窒息的威胁"。如果说中国现代新诗的种种"反传统"形态在具体的诗学追求上还有着种种的差别，那么在肩负社会道义、民族责任这一点上，却几乎都走到了一起、出现了惊人的相似性。（1994 – Z，第 96 页）

我认为，对于这些"抗战"诗人来说，无产阶级文学的"大众化"理论显然已不那么重要，更激荡他们灵魂的还是疮痍满目、生灵涂炭的现实，是民族共同的历史命运带来了各阶层的共同话题，歌谣是"高贵"的诗人与平俗的大众引以共鸣的心声，大众的痛苦和愤怒也就是诗人自己的痛苦和愤怒，诗人所咏唱的歌谣也出诸大众的喉舌。作为这一时代精神精辟总结的《讲话》（即《在延安文艺座谈会的讲话》——编者

注），它所追求的就不是理论逻辑的雄辩效果，而是平实朴素的情感感染力："在群众面前把你的资格摆得越老，越像个'英雄'，越要出卖这一套，群众就越不买你的账。你要群众了解你，你要和群众打成一片，就得下决心，经过长期的甚至是痛苦的磨炼。"① 其实，这正是救亡图存的时代发展给每一位抗战诗人的教训。毛泽东的《讲话》及《讲话》以后歌谣创作活动的蓬勃发展都是这一时代发展合情合理的结果。如果说，20 世纪 20 年代前期中国诗歌会的歌谣化趋向主要根源于外来理论的启迪，那么在此之后，抗战诗人的歌谣化追求则属于时代精神的必然发展。（1994 – Z，第 107 页）

中西近现代诗歌"民谣化"运动的这种不同的结果源于中西诗歌文化结构的差异。在西方的古典主义时代，文人诗歌与民间歌谣是彼此完全对抗的两种形态，古典主义的繁荣是纯粹理性统治之结果，相应地民间歌谣则交上了被排挤被冷落的不幸命运，浪漫主义运动调动了民间歌谣的全新的艺术功能，以此驱逐了古典主义。二元结构的二元化发展使西方诗歌的否定性机制十分健全，并获得了巨大的发展动力。相反，中国诗歌的"文人化"却没有彻底排斥歌谣，反倒不时地取其精华，

① 《毛泽东选集》第 3 卷，人民出版社 1991 年版，第 85 页。

为我所用，这是一种一元式的又包含着某些复杂性的诗文化结构，歌谣被允许生存发展。只是，其内在的能量也不断耗散殆尽，终于不足以改朝换代，引导中国新诗自我否定、曲折前进。(1994 – Z，第 125 页)

在中国现代新诗发展史上，朗诵诗的兴起及其影响是一个重要的现象，它的出现固然与抗战前后的社会需要有关，但也是对中国诗歌协畅传统的继承和利用。朗诵诗成功的先决条件就是能够最充分地调动观众（读者）的听觉，与之合拍，与之共振，这里包含着现代诗人对中国语言音韵遗产的一系列卓绝的开掘使用。(1994 – Z，第 163 页)

"自由"是中国诗人在社会动荡期个性展示的需要，"自觉"则是在社会稳定期聊以自慰的产物。有趣的是，这一历史规律也在郭沫若身上反映了出来，留学海外的诗人，热情勃发，思维活跃，他很容易地举起了"自由"的旗帜；而一当他不得不面对中国社会稳固不变的现实时，"自由"就成了毫无意义的空想，于是，"自觉"的原型便悄悄地袭上心来。(1994 – Z，第 193 页)

中国古代知识分子"帮忙"的疲惫，"帮闲"的无聊，以及"倡优"的自悟，都不断迫使他们从社会权力的中心塌落下来，在孤独中品味人生，没有自慰自赏，他们何以能够不精神分裂、痛不欲生呢？没有佳人的温暖、芳草的馨香，他们又将何处去倾诉自己的寂寞，靠什么遗世独立，出淤泥而不染呢？中国古典诗歌的"佳人芳草"传统滥觞于屈骚，以后始终绵延不绝，至晚唐两宋则蔚为大观，特别又以温庭筠、李商隐为代表。如果说屈骚式的"佳人芳草"还回荡着一股浓郁的愤懑不平之气，发出了反社会的呐喊，那么温、李式的"佳人芳草"则消除了那些沉痛的基调，渗透了更多的温情，更多的柔情蜜意，也显得格外的玲珑剔透、香艳美丽。（1994 - Z，第245—246 页）

中国现代文学三个十年的历史是由来自各个区域的作家共同书写的。如果你从区域的角度来观察中国现代文学的发生发展，你将会发现，有那么一个地方与我们文学似乎特别有缘，它不仅涌现出了蔚为大观的作家和作品，而且还以自己宽大的胸怀接纳过人数最多的外来者，让许许多多的外省作家度过了一段难忘的日子。这个地方就是四川。（1995 - Z，第1 页）

然而，"盆地"却并不能说明巴蜀文化的全部内涵。巴蜀并不仅是盆地，巴蜀也并不仅有盆地文明的种种特征。巴蜀多山，山岳雄奇壮丽，巴蜀多水，江水绰约多姿，巴蜀幅员广大，其中囊括了平原、高原、丘陵、山地、草场等几乎所有的地貌，既有南方的青翠秀美，又有近似于北方高原的阔大雄浑。多种地理条件又孕育着多种的资源，川西平原土地肥沃，为长江流域最重要的经济区之一，川北盛产丝棉，川南矿产丰富，川东以橘、茶、烟、麻闻名全国。可以说，除海货之外的绝大部分物产，在巴蜀都可以找到，这在其他省份是很难比拟的。我们常以中国"地大物博"自诩，其实，真正"地大物博"的区域是在巴蜀，巴蜀仿佛就是一个缩小了的精致的"中国"。(1995－Z，第20页)

对"天府"的固恋和矜夸也表现在了现代四川作家那里。出蜀北上的郭沫若、林如稷、阳翰笙、陈炜谟、何其芳、方敬等人都感叹过北地的荒凉和衰落，同时不断涌起阵阵的乡情，他们都以天府的景物模式和生活模式去衡量外省。(1995－Z，第22页)

如果过分偏执于"天府"的目光和眼界，自足到自大，那就是可笑的盲目了。通常都把川人的自负和矜夸称为"盆地意识"，其实，对这些川人来说，足以让他们踌躇满志的倒不是盆地而是天府，盆地意识的实质是天府意识！(1995－Z，

第 23 页）

以大中华、大世界的视角看"天府之国"，这是怎样开阔的心态，没有对内陆腹地文明的自省，就不会有这样的胸怀和眼界，所幸的是，四川现代文学就是在这样一个勇于自省的时代发生了。（1995 – Z，第 33 页）

"洄水沱"系四川语汇，指江河中水流回旋形成的区域。在洄水沱，水流既平静徐缓，近于停滞，又深不可测，暗藏杀机，同时整条河道中的泥沙、污物又都汇积于此，"内涵"丰厚。这样的停滞、阴暗和污浊似乎正是四川盆地落后、沉寂的象征，于是，在某种意义上，它便成了现代巴蜀生态的第一个具有典型性的"意象"。（1995 – Z，第 36 页）

"洄水沱"可以说是一组意象的集合，其中包括了社会文化的停滞，生活模式的单调，以及个人理想的浑浊。（1995 – Z，第 37 页）

这些"小国寡民"时代的乡亲，生来就被嵌死在这一块狭小的土地上了，虽然他们也不乏对新事物的兴趣。但可怜的是，这点新事物也不过是先进文明地区几经筛漏才滴落下来的一星点"光亮"。川西北的重重大山，还有四川盆地周围的更高更大的山脉，就这样成了四川人的层层壁垒，外面的世界是什么，外面的世界有什么，他们无缘知道！（1995－Z，第47页）

相应地，我们发现，在东北、江南等地域，女性的坚强和毅力却常常掩藏在了男人作为一家之主的专制和强悍里。在其他许多地域，男人似乎较难放弃自己对家庭事务的主宰权，再能干再茁壮的女性也只能生活在男人的专制秩序中，并随时承受来自男人的棍棒和拳头，女性不过是支使着干活的工具，充其量也不过是一个助手。（1995－Z，第85页）

如果说四川女性支撑着家业的坚毅和刚强可以称之为"火辣"，那么这种与礼教背道而驰的叛逆则可以称之为"泼辣"！（1995－Z，第91页）

漫游文学的四川，我们还发现，鸦片、茶馆、饮食不仅构织着待客交际的"社会场景"，而且简直就内化成了川人意趣、癖性与基本生理需求的一部分。抽鸦片诞生了大批的瘾君子，坐茶馆培育了众多的茶馆迷，享用饮食将人们的味觉磨砺得格外的灵敏和发达，由此也产生了川人对"川味"的特殊追求。（1995－Z，第91页）

在中国文化传统中居桢干柱石地位的儒家文化并没有像在北方与吴越那样铺下自己深厚的"规范"的土壤，因而它也没有孕育出更多的认同者、适应者，在巴蜀地区，中国文化传统本身也就相对显出了某种动摇性，较多的反叛者由此而出。（1995 - Z，第 127 页）

当巴蜀式的反叛逐渐成为一个普遍的事实时，这实际上就意味着传统礼教的松弛已经构成了这一地域的特异的文化现象。在与中国正统的儒家文化、礼教秩序稍厚偏离的地方，巴蜀发展着自己别具一格的"叛逆品格"，某种程度的反传统成了传统，部分的逾越规范成了规范。巴蜀，叛逆的故乡！（1995 - Z，第 130 页）

四川作家大都具有浓厚的乡土意识，他们嗜食川味，满口川语，喜谈川中事物，将四川老乡呼为朋类，不少作家在外省居住多年也是如此，对巴蜀先贤名人更是推崇备至。我们注意到，每当现代作家谈到巴蜀古代文人时，总是对他们落拓不羁、自由潇洒的一面格外关注。（1995 - Z，第 131 页）

川语的"野性"还把我们作家引向了一个暧昧混沌的"江湖世界"，那里有更为丰富而神秘的行话、黑话。李劼人、

沙汀对此显然深有研究，借此我们也有幸一睹了四川江湖语言的奇异。（1995－Z，第239页）

八年抗战已经将许多外省作家生命中最重要的经历与这块既富饶又落后，既强悍又野蛮的土地联系在了一起，四川已经成了他们的"第二故乡"，成了他们血肉和情感的一部分。来自"人间天堂"苏州的叶圣陶按理说是目光挑剔的，但他却多次倾倒于锦城的晓雨清凉，吟诗作词，对蜀中山水赞不绝口，自认"远胜江浙"。（1995－Z，第267页）

鲁迅关于中国与中国人未来的思考从总体上看是立足于人的自由与幸福，立足于个体的基本人权保障与内在真诚的养成。这一基点"具体而微"，不一定有同时代其他启蒙知识分子处处从国家民族"大势"入手那样的恢宏壮丽，却又是一切现代观念生成的基础。现代化建设的最根本目的不是国家而是人自己，这一观念常常为现代知识分子所遗忘。于是，鲁迅与一般流行的冠冕堂皇的"现代化"思想就常常有所分歧。（2004－Z，第70页）

事实上，中国知识分子一旦拥有某一地位，会十分看重自己"来之不易"的地位。他们成功的喜悦往往不是来自知识的获取、自我的满足，而是"我"已经成了"人上人"。于是，"我"自然就与一般的国民有了明显的等级差异，轻视劳动者与一般大众似乎也是理所当然的，至少也是可以理解的。但就是这样的思维，恰恰进一步把中国知识分子拉"进"了政府体制而远离了社会真实——这恰恰走到了知识分子本质的对立面。(2004 - Z，第 191 页)

文学的历史其实并不能直接等同于思想的历史，当然更不能等同于理性概念的历史。

中国文学的历史也无法等同于西方文学的历史，而西方文学的历史其实也不能等同于西方思想的发展逻辑。

这里处处横亘着不同精神范畴的差异和分歧，文学则是最难以明晰的理性逻辑框架所吞没的自由精神的运动形式，它常常复杂到所有的既往概念都难以理喻的程度。(2006 - Z，第51 页)

在数千年的封建历史中，中国始终保持了专制主义的政治形态和大一统的文化格局，自先秦"百家争鸣"的繁盛终结于"独尊儒术"之后，中国从此失去了各种"主义""思潮"交相运动的热烈景象。所有的政治都是维护专制权威的政治和争夺个人权力的政治，所有的文化学说都只是对于既有的经典的学习心得，尽管在我们的政治史上，也曾有过改革与反对改革的争论，但这些争论在很大的程度上已经淹没在现实利益与权力争夺的硝烟之中了，真正作为思想文化追求的"主义"的保守，我们却并没有看到。这也正像是休·塞西尔所说的那样，在一个只存在一种思想倾向的时代，实质上是什么倾向也不存在了。（2006 - Z，第 87 页）

从国粹派、学衡派到现代新儒家，其所进行的批判活动并不是业已形成的什么中国的"传统"，而是在他们看来的正在发生着的"西化"倾向，他们所担忧的与其说是现代中国文化（包括现代中国文学）发展的诸多实际，还不如说是一种内心理想在西方文化冲击下的失落。就这样，西方的与外来的尚未在中国形成"气候"的文化成了他们批判的对象，而业已形成的中国自己的"传统"倒成了他们捍卫和维护的对象！20 世纪 90 年代的中国"后现代"似乎是质疑着现代中国已经形成了的启蒙的"现代性"传统，但其实他们对于这一中国的"现代性"传统也缺少真正的细致分析，他们所批判的若干现代性特征更像是从西方"同行"的现代性批评中移植过来的。在这里，引发中国"后现代"论者火力的同样也是现代中国所表现出的对于西方现代性的认同——一种为国粹派、学衡派和现代新儒家都担心不已的"西化"倾向。而且，无论是国粹派、学衡派还是现代新儒家、中国后现代主义，他们虽然出现在不同的历史时段，拥有不同的学术教养，其所遭遇的社会文化现实也大有差异，却都是维护着一种共同的信念，即对于古老的中国文化的人生理想与道德模式的信仰。可以说，正是这一份恒久不变的执着的缅怀和眷念，给他们的"反现代性"追求以持续的支持。换句话说，现代中国无论有多少的保守主义派别，总是可以在古老的中国文化理想中找到最终的理想统一，是中国古老传统这一个绕不开的"结"规定了它们统一的心态、思维与价值准则。（2006－Z，第91—92页）

我们进一步获知的事实是，不仅"反现代性"的民族主义立场仍然在寻求着西方文化的支持，依然没有摆脱其所批判的"现代性"的思想资源，而且在更具实质意义的思维方式上，它们也落入了其批判对象的一方，例如"进化论"的历史观和二元对立的思维方式。（2006－Z，第101页）

"中国化"的问题决不是一个文化民族主义式的"自卫"问题。也就是说，我们究竟能够"化"多少的西方文论，能否都"化"得顺利，"化"得成功。这并不关涉我们的民族自尊心，并不说明中国文化的伟大与否。（2006－Z，第166页）

在中国现代文论建设的意义上讨论西方文论的中国化，便应该竭力从这样的比附式的思维形式中解脱出来：不是我们必须要用西方文论来"提升""装点"自己，而是在我们各自的独立创造活动中"偶然"与某一西方文论的思想"相遇"了。作为人类际遇的共同性与选择的相似性，我们不妨"就便"借用西方文论的某些思想成果，而一旦借用，这一来自西方文论的思想也就不再属于它先前的体系，它实际上已经被纳入了中国文论的范畴，属于中国文艺思想家创造过程的一个有机组成部分。（2006 - Z，第170页）

在中国现代文论建设的意义上讨论西方文论的中国化，我们还必须清晰地与两种思维方式划清界限：一是西方文论的"优越论"；二是西方文论的"进化论"。前者将西方文艺思想视作一个理所当然的"高于"我们的存在，而我们只有臣服、学习与模仿的机会。这是从根本上剥夺了中国文论家的主体性；后者将西方文论的发展视作一个不断"进步"的过程，而越到现代、当代，也就越是体现了其最高的水准，于是中国文论家也需要不断地"求新逐异"，不断追踪西方的"新潮"，似乎只有将西方的"最新""化"了过来，中国的文论才有了存在的勇气。这同样是漠视了中国文艺思想自身的需要。（2006 - Z，第171页）

今天，当我们郑重其事地提出西方文论的中国化问题，也就必须正视这样一种局面。也就是说，所谓"西方文论中国化"与中国文艺创作的良性互动关系应该是这样的：中国文艺创作的丰富经验提示着中国文论家思考的方向，西方文论的丰富内涵充实着我们思考的形式；中国文艺创作自然"需要"着西方文论，而西方文论的话语也在解释中国文艺创作现象的时候自然弥漫开来——当西方文论的意念不是以雄霸一方的姿态出现而是作为对于中国文学实际问题的有效解决的时候，我们就可以说是成功实现了西方文论的中国转化。（2006 - Z，第174页）

作为青年学生运动的五四，是中国人第一次将自己作为"国家公民"，通过主动参与国家政治的"民意"并最终取得成效，这是划时代的。就是说，它显示了中国人不再是最高统治者的奴隶而是真正的国家的主人——公民，中国公民可以意识到自己的社会权利，这本身就是结束了封建统治之后的"共和国意识"的生动表现，是中国现代意识生长的起点。

作为思想文化运动的五四，是中国知识分子全面思考现代中国问题的开始，是现代中国文化建设的最初的最集中的体现，其中所形成的知识分子的言说方式包括他们内部的论争都开启了一个宽大的现代思想发展的空间，其理论表述的形式最

终形成了现代知识分子思想建设的基本模式。（2012－Z，第
3—4页）

　　从"民族"的觉悟中产生"革命"的需要，从"世界"
的震撼中读解"进化"的意义，从"新民"理想的确立到
"心力"意义的发掘，在这些全新的语言方式的生长中，留
日中国知识分子建立起来的是现代中国人自己的感受、知识
与价值。较之于其他林林总总的语言，对于整个现代中国文
学乃至文化价值观念影响甚巨的是关于人安身立命的新的立
场——个人，以及与"个人"这一词语紧密相关的"自我"
的概念。

　　今天，我们对"个人""自我"这样的概念的讨论必须置
放在现代知识的视野之中，因为，仅仅就汉语词汇本身来说，
它们都如同"世界""革命"之类的说法一样"古已有之"，
但是真正的具有现代文化意义的所指却是近代的日本"发明"
的。中国知识界在引进这样的日本"发明"的背后是风起云
涌的思想流变。（2018－Z－1，第67页）

　　内陆腹地的生存事实也极大地冲击着四川作家的对"天
府"的自豪。一种前所未有的忧患意识和批判意识在作家那
里不同程度地潜生着。从近代四川留日学生在他们主办的

《鹃声》《四川》等杂志上疾呼"四川人惊醒！"又"警告全蜀"，到沙汀冷观"堪察加小景"，我们不难感受到四川作家对故土的忧患和批判，连过去对故乡眷恋不已的何其芳也在抗战前夕改了口，他写道："我忽然想起了'四川是民族复兴根据地'这样一句时髦话。倒霉的是'民族复兴根据地'的人民们，我在心里说，你们都走进那狭的笼里去吧。"这正是何其芳站在现代文明的大潮起处对"天府文明"的反思。抗战之中，那些受惠于"天府"滋养的省内外作家也没有因为寻找"四川精神""巴蜀文化"而迷失了方向，他们照样在控诉，在诅咒，对"雾重庆"的黑暗大加抨击。当时的《东方杂志》上一篇反思"天府之国"的文章就很有代表性：我们于这万方多难，八方烽火之中还安然住在"天府之国"中来谈"天府"之事，实是非常的幸福，可是福是要惜的，不惜福的人是要损福的。惜福的办法，则只有努力充实自己，更当恢宏志气，不然，中国除了"天府之国"，还有天堂的苏杭，还有文化故乡的北平，还有六朝金粉的南京，这时都怎样了呢？

以大中华、大世界的视角看"天府之国"，这是怎样开阔的心态，没有对内陆腹地文明的自省，就不会有这样的胸怀和眼界。所幸的是，四川现代文学就是在这样一个勇于自省的时代发生了。（1995 – Z，第32—33页）

有别于上海更浓郁的"西洋化"色彩，也有别于古都北京的浓郁的传统格调，内陆成都更像是物质欲望初步被"激活"的近代城市，对于这样的初步近代化的城市，吸引人们的并不是先锋的思想与文化，而是朴素的物欲和被解放的人生享乐，正如雅各布·布克哈特所描述的文艺复兴之初的"极端个人主义"："看到别人利己主义的胜利，驱使他用他自己的手来保卫他自己的权利。当他想要恢复他的内心的平衡时，由于他所进行的复仇，他坠入了魔鬼的手中。他的爱情大部分是为了满足欲望。"在这里，新生的欲望和传统的积习并存，或者说，对新的生活的向往所带来的革命性意义与种种旧时代的积习混杂相生，难以辨析。蔡大嫂以生活享乐为目标的自由追求不大可能为五四主流知识女性所认同，却实实在在地体现了中国腹地正在发生着的社会文化的演变：人们不顾"品行太差"的世俗评价，悄然瓦解着旧的生活模式。成都城内的底层女性伍大嫂如此（《暴风雨前》），官绅夫人黄澜生太太（《大波》）也如此，从蔡大嫂、伍大嫂到黄太太，发生在不同阶层和家庭中的故事，都折射出了成都作为近代商业都市所呈现的文化演变的事实。（2020–4，第74—75页）

尽管有战火的摧残，中国作家却都找到了自己的一方天地。不仅如此，进入20世纪40年代的这些作家，相当一部分人已近中年，五四时代的青春浪漫之气已然远去，取而代之的是一份中年的成熟，中国现代文学就此步入了"中年写作"的时期。（2014 – 3 – 1，第49页）

百年树人

教人为人，敦品励行。

——吴芳吉

在引导青年学生接触这些文学作品的时候，重要的也不是西方意义的阐释学或者其他什么"学"的理论，而是"打通"那些"遥远年代"的文学表现与当下人生的连接渠道，让20世纪后20年出生的青年也能够从中发现自身人生问题的"影像"。一旦学生可以在某一课程的学习过程中发现他们的自我，发现他们人生的某种启示，那么，这些看似遥远的产品也就融入了今天，也就有了生机，超越单纯的"知识"之后，一个学科的基础教育才充满了活力。

——李怡《被围与突围》

　　童年的鲁迅去看五猖会，还得被父亲逼着背诵《鉴略》，童年的胡适在母亲严厉的斥责下挑灯夜读，童年的王统照被母亲逼着"苦念"，这是多么严格的儒家教育秩序，这些未来的中国作家就生活在这样的家庭环境中。而且，即使在绍兴这个西方文化入侵得甚早的地方，人们也还对西洋事物充满敌视，对上中西学堂的孩子充满鄙视，封建正统文化观念仍然深深地埋藏于人们的心底。(1995 – Z，第 132 页)

　　同齐鲁、吴越等区域的现代作家的情况比较起来，传统中国文化"内化"进入四川作家的个人人格的深度，融进血液的浓度可能要相对的浅一些、小一些，或者说就是传统文化与个人生命的胶合是在意识的上层进行的。现代四川作家当中相当一部分人对传统文化的学习都尚未达到如醉如痴的程度，他们是"逃学一族"。即便是郭沫若这种天赋很高、主动要求发蒙的人也还是把习诗作对当作一种"刑罚"。郭沫若是在变幻不定的兴趣中创造性地接受着传统文化，相反，我们却可以从少年鲁迅、少年胡适身上找出一种接受的"自觉性"来，从少年郁达夫的身上发现那种来自生命深层的与传统文化的应合。(1995 – Z，第 135 页)

　　我们看到，随着人们对西方诗学与文化思想的急切输入和运用，我们越来越失去了感受文学、体验当下的耐性——包括对于实际创作体验的开掘，也包括对文学作品与当代生活的联系失去了精细的感受。新时期中国文论的热闹与喧嚣中也实在飘忽着太多的"无根"的语汇，有着众多值得警惕的概念游戏。更为严重的是，经由这些文学批评与文化理论"熏染"的大学生，可以将一个西方理论谈得头头是道，却很可能无法有效地进入一个实际的文学文本当中，也常常无法回答当代生存所提出的中国"问题"。（2006 - Z，第150—151页）

在当今，由唐装、汉服、少儿读经、拜孔、名人解说传统经典所构成的"国学热"之中，我们不禁要追问：这"国学"究竟属于谁？是过去的帝王将相、圣贤先师，是今天的名人雅士，还是每一个普通的老百姓？需要用香案、祭坛拱卫的历史传说与神圣话语，分明令我们常常联想到高高在上的帝王将相和圣贤先师。而由饱读诗书、学贯古今的名人雅士高台传授的国学心得，依然一再证明着"身份"的重要：讲授者是"先知"，而听众是"群氓"。而当这些高台传授的学问又恰巧与国家政策的若干基本思想不谋而合的时候，名人雅士就更像是"高深"又"高等"的国家意志的代言人，而接受再教育的老百姓就更像是爱国主义知识的虔诚听受者了。国学，从立场到形式，都有简化为一种"国家之学"的嫌疑。这，可不是百

家争鸣、学术繁荣的景象。（2012－Z，第10页）

因为在高校从事文学教育的缘故，常常有四面八方的朋友给我提出这样的要求："能不能给我孩子讲一讲：如何才能学好语文？"面对这些急切的中小学生家长，我一时间真不知道该有怎样的回应，因为现实的教育体制不断提醒我的事实是：高等院校的文学教育与目前中小学的语文教育存在着深刻的隔膜，其教育目标、教育手段与教育过程都有着很大的不同，我其实并不能以一个高等院校的"体验"去说服另外一种教育体制的受教育者。（2012－Z，第14页）

对今天"学好语文"就等于"语文成绩"的现实，我却常常感到一种深深的无奈。我困惑的是，对于语文这样生动而富有感染力的学科，怎么就逐渐为各种考试的分数成绩所僵化起来？而且各级评价指标都莫不是以这样的阿拉伯数字的成绩作为主要的依据，各级老师纷纷以这样的分数成绩作为"语文好"的证据，各级学子也莫不以熟悉、习练各种语文试题为重要的"学习"方式！于是，充满艺术性与情感性的语文也就与数理化一样几乎完全等同于"做题"了，数理化有数理化的"题海"，语文也有语文的"题海"——连作文都在实际上成了一种特殊的"做题"，因为我们有"经验"的语文老师已经总结出了一整套通过若干句子与特殊的结构吸引阅卷老师、获得较高分数的"技巧",按照老师们坦诚的表白:这其实与学生真实的写作能力无干!(2012 - Z,第 42 页)

虽然在目前的教育评价体制当中,我们的中小学生还不得不沉浮于各种各样的"题海",但是我依然想说,将语文等同于各种做题的技巧恐怕是相当不幸的现实。因为,这样一来,我们不仅不能进入语文的殿堂,而且还会因此逐渐丧失掉人生最可宝贵的东西:我们的激情、灵感、想象力与诸多对生命的体悟。习题是有限的,但与生命相关的这些东西却是无限的;语文作业终将会"随风而逝",只有我们生命的体验与激情的想象是永恒的。(2012 - Z,第 42 页)

在我的中学时代,教育已经开始了它的正常化道路。不过,在这个时候,"题海"还没有来得及"编就"。于是,我的语文课继续以亲切和感人的姿态出现在我们面前。在数理化枯燥的演算之后,我捧起了科幻小说,捧起了鲁迅杂文,这是一个奇丽的艺术世界,足以让人流连忘返,足以让人如痴如醉。接着,就是在一种看似理所当然的情感逻辑中,我寻求把这样的感悟表述在自己的"作文"里——尚没有形成"考试工具"的模式化写作真是一项令人愉快的活动,我那时是多么珍惜每一次作文的机会呀！我甚至还因此产生了一个强烈的愿望：在这样愉快的写作中成为一位杰出的作家！总之，在这个时候，在我的心目当中，语文就是作为那些过分理性和刻板的数理化知识的调剂而存在的。似乎，数理化是引导我们进入客观的物质世界，而语文却让我们走进了自己的主观世界。数理化让我们开始理解和掌握客观世界的"常识"，而语文吸引我们体味精神世界的丰富与多彩，让我们逐渐变得充实和有思想的能力。到后来，我甚至发现，自己对语文的这种兴趣还反过来推动了我的数理化学习，帮助我形成了对几何与空间概念的想象。这充分证明，一个人的情感世界、精神世界的开发同样有利于拓展他对客观世界的把握能力。（2012－Z，第43页）

中国现代文学教学面临的挑战最明显的表现是在教学体制方面，对此，许多教育工作者都深有体会：为了适应文学院专业扩张与"面向就业市场"的要求，包括传统的中国语言文学专业在内的中国现代文学课程都在压缩，至于许多文学院新设置的其他专业如电影、电视、播音主持、新闻传播、对外汉语等，中国现代文学课程更像是点缀了。这一局面已经极大地冲击着中国现代文学课程固有的教学程序，所谓改"中国现代文学史"为"中国现代文学"，突出经典作品的讲授，淡化冗长繁杂的历史过程等，都可以说是在这一冲击下的课程调

整。不过，根据我自己的实际体会，来自广大学生的某种冷漠态度也值得我们认真思考。（2012－Z，第57页）

近年来，我们在中国现当代文学硕士研究生的入学面试中，多次提出这样一个问题：你为什么选择中国现当代文学专业？学生的回答中也常常直率而且相似：因为中国现当代文学时间不长，需要看的参考书不多，也无须诗文的背诵！相反，那种对于学科专业的激情和热望却很少看到。研究生的入学面试其实就是测试一个学生专业"入门"状态的很好的时机，目前许多院校的同行都有类似的感叹：现在青年大学生对中国现当代文学课程的专业兴趣已经远远不能与20世纪80年代相比。在那个热闹而激动人心的年代，中国现当代文学几乎就是无数青年学生生存关注的中心！中国现当代文学的动向似乎就是一个时代文化精英的动向，而这个时代的文化精英则引领和规划着青年的未来。《班主任》、《伤痕》、《人生》、《男人的一半是女人》、朦胧诗、政论式报告文学……当下文学的每一次律动都仿佛是我们自己的心跳，甚至这"当下的当下"也是远远不够的，我们还不断将过去拉进现在，在1949年以前的土地上尽力挖掘"当下"的意义，于是，"自由主义"作家被平了反，他们的作品成为大众争抢的对象，鲁迅的意义开始重新讨论，而这种讨论也大大超越了鲁迅研究界的狭小范围，还有，那些曾被淹没在历史尘埃中的名字，张爱玲、钱锺书……也会因为某些域外学者的论述而在整个青年读者群中迅速传播。

在那个逝去的年代，青年学子的真诚的热情来自他们心目中一个明确的信念：中国现代文学与他们正在行走、正在思考的人生有着密切的联系，从根本上讲，在那个时候，中国现代文学的存在主要不是作为一种"学科知识"，而是自我人生追求的有意义的组成部分。鲁迅之所以并不遥远，之所以不会被大多数的青年学生挑剔"爱国问题""家庭婚姻问题"乃至"艺术才能问题"，是因为他关于"立人"的理想，关于"任个人而排众数，掊物质而张灵明"的论述为一个"重返人性"时代的正常的人生目标作了理直气壮的张扬，"五四"作家的"问题小说"，婚姻问题、家庭问题、妇女问题、劳工问题显然与六七十年以后的社会生活差异很大，然而，能够将自我"人生"当作问题的主体（而不是将国家政治目标当作问题的主体），这本身也足以激动人心了。文学研究会"为人生"，创造社有时标榜"为艺术"，但这都没有什么关系，因为，刚刚从十年"文化大革命"的文化沙漠里探出头来的青年既需要"为人生"，也激动于"为艺术"。在文学作品之外，那个时代的学子还试图跨越半个多世纪的隔膜，直接从中国现代作家的人生历程中寻觅现实的启迪，鲁迅的倔强，郭沫若的善变，胡适的温厚，蔡元培的包容，巴金的真诚，徐志摩的多情，萧红的坎坷……不管这些寻觅在今天看来有多么的幼稚，它们都在事实上强化了中国现代文学的魅力，造就和巩固了一个时代的"专业兴趣"。（2012 - Z，第 57—58 页）

作为一种职业，或者作为一种既定的专业方向，我们自然还会选择中国现代文学，但是，作为人生的自然情感的一部分，却可能存在这样的困惑：我们为什么一定需要中国现代文学？这样的困惑具有代表性，也具弥散性，它在潜移默化中切割开了学科学术追求与个人人生关怀的内在联系，动摇着我们这一学科的"群众基础"。（2012 - Z，第 60 页）

对于正行走在"学术"之途上并且很可能乐此不疲的我们，似乎不必单就教育论教育。在某种程度上，我们也应当反思和检讨我们当前的学术方式，看一看它将会对整个的教育大环境构成怎样的复杂影响。

在这个前提下我们再来看中国现代文学课程的教学改革，或许会有一些新的思路。（2012 - Z，第 60 页）

首先，我认为除了继续探讨具体的教育教学措施外，如何在教学中主动打通看似刻板的学科专业知识与当下社会人生的内在联系应该是一个需要特别加以注意的内容。

在这方面，我比较认同一些国内同行加强文学作品阅读指导的主张，甚至认为我们的中国现代文学课程教师应当要避免炫耀自己"深厚"的理论素养，我们所努力的是通过自己生动的讲述，引导学生及早进入文学作品的广阔的世界当中。在这个意义上说，作为大学基础课程的中国现代文学的核心就不是如何解释现代文学或者现代文化现象的种种理论（西方理论），而应当是一个无限生动无限丰富的文学作品的世界。（2012－Z，第60页）

在打通学科专业知识与当下社会人生相互联系的意义上，我以为必要的历史梳理依然还有它的教育价值。在中学基础教育问题重重的今天，一个刚刚踏进大学门槛的学子实际上根本没有一个完整有效的历史概念，他们几乎所有的历史知识都是为了应试教育的需要，而应试的高度功利化与模式化特征已经决定了这样的知识有多么的扭曲和单一，而这些单一的未经追问的历史又常常附着于国家主义的逻辑当中。如果中国现代文学的教学仅仅专注于作品的阅读，那么势必与学生头脑中挥之不去的历史概念发生抵牾和冲突，结果有损于相关知识的完整性。但我所谓的"历史梳理"也不是脱离文学文本的简单的现代历史讲述，那不仅容易陷入过去"以论代史"的窠臼，而且在目前的体制中时间也不允许。我的设想是，我们能不能在教学中探索出一种"向历史提问"的教学方式，在学生大量阅读文学作品的基础上引导他们对现代中国历史发展（文学史演变）中的问题发问，特别是通过这些独立的发问逐步清除那些源自应试教育的"未经追问"的国家主义的历史概念，让他们在学习中逐渐学会思考，学会用自己的独立思考来追问现代中国文化发展与文学发展的各种现象。如果对文学作品的阅读的渴望最终是中国现代文学走进新世纪青年学子的基础和桥梁，那么，因为作品阅读而生发出来的历史的追问则是激活一个未来学人的学术潜质的契机，是中国现代文学学科学术长足发展的起点。前者是在情感的深处解决了"我们为什么需要中国现代文学"的困惑，而后者则可以升华为"我们究竟怎样需要中国现代文学"。（2012－Z，第61页）

不仅如此，我认为，有意挖掘区域文化与文学意义的努力也有助于在未来形成中国现代文学教学与研究的"学派"或者"教派"的雏形，"学派"或者"教派"的自觉追求其实是中国现代文学研究与教学个性化发展的正常结果，只有在一种个性化的走向当中，"我们为什么需要中国现代文学"才会永远成为一个有趣而有深度的问题，而来自教育工作者的不断的自我提问则是吸引广大青年学子的最佳态势。（2012－Z，

第 62 页）

　　普通读者的知识系统的获得在很大程度上得益于学校教育，而学校教育的基本方式则是"文学史"的建构和传输，也就是说，对于一个普通的读者而言，在他完全不熟悉、不了解甚至没有接触任何文学现象、文学事实的时候，就已经被灌输了一套完整的文学史框架，而这样的文学史，本身却是在把汉民族之外的其他民族视作"少数"之时完成的。以汉族知识分子为绝对主体的文学史书写者本身就不具备更丰富的多民族文化与文学知识，他们在缺少更充分的多民族文学体验的时候完成了汉民族的文学史，后来又因为国家文化格局扩大的需要而试图纳入一定的其他民族的内容，而在纳入的时候，整体的文学史框架已经无法改变了，补充与附缀的痕迹在所难免。在最后，当这样一种文学史被"理所当然"地作为文学的权威知识在学校教育中加以传输的时候，一个最基本的也是最有影响的最根深蒂固的知识系统就形成了，在漫长的历史演进中，这样的知识系统都会发生持续不断的作用，成为在社会上最难改变的基本认识。

　　但我们的问题也就在这里。（2012 - Z，第 63—43 页）

　　最基本最重要的文学现象就是文学作品，文学史不能也无法凌驾于这些文学现象之上。这本来是最基本的常识，然而今天的问题却是：中国的学校教育似乎在相当大的程度上脱离了这一基本常识。在小学生没有读过鲁迅作品的时候，却已经知道了他如何"弃医从文"，如何"我以我血荐轩辕"，一个脱离了文学感性的鲁迅由此被注定了脱离青少年需要的不幸命运，在大学生根本没有系统阅读中国现当代文学的时候却首先知道了信息量巨大的社团、流派与思潮。研究生呢，则在没有多少文学阅读经验的前提下匆忙展开着自己的"文学批评"与"文学理论"的建构！这样的文学史教育只能是推动了一个严重后果：所谓的文学史已经不可避免地被教育体制架空了，架空于一切基本的文学现象之上，架空成为自说自话的"理论的演绎"。一个凌驾于文学现象之上的知识传输，最终形成了这样一种教育的现状与知识增长的现状：人们已经习惯于脱离具体的文学事实来接受精英知识分子的"结论"，并把这样的结论当作不容置疑的"知识"。久而久之，我们在不断接受"文学史"教育的同时在事实上已经越来越远离了"文学"。（2012 - Z，第 66 页）

研究生学习就是要适应并建立一套思维和语言方式。读那么多作品和文学理论，一方面是获得一种智慧，打开我们的视野，学会看这个世界，看那么多的大师怎样看待这个世界；另一方面就是要理解概念和术语，当别人使用这些概念术语时，要知道是什么意义。如果大家都不根据公认的意义来使用，而是自己随意地使用，那所有的学术讨论都无法进行。这些都是学术训练的基本内容。当然，我们也不要单纯迷信这些概念，我们要不断寻找能够对应我们新的人生体验的新的语词的表达。搞研究，很重要的是创新能力，但到底什么是创新？换一个新词是不是创新？显然不是。仅仅学习搬用新的概念术语也不算。有人认为把新的外国理论引入当作武器，套用一下，就是创新。这种想法是非常有害的。把新的术语当作武器，这本身就是错误的。这些概念术语在产生之初，其本身都是思想的组成部分，是内容，是本体。我们为什么需要概念？因为我们需要更简洁的公认的且具有沟通力的表达，不是因为这些术语多么了不起。过去称"语言"今天称"话语"，过去叫"作品"今天叫"文本"，这是因为我们在一个新的平台上找到了新的沟通方式。这不是纯粹的名词改变，而是有新的意义进入了。不了解这一点，盲目地运用新语词，就会犯错误。（2014 – Z – 2，第 7 页）

总之，在现代诗歌的学习中，我们要努力总结出属于现代诗的一些特点，而不是轻易地把一些"放之四海而皆准"的理论模式套用到诗歌研究中去，这就是学习"中国现代新诗"

这门课的意义和方法。要把新诗当作新诗来看，而不是当作抽象的诗来看。有些东西是共同的，有些则是独特的，更重要的是要能发现新诗的独特性。这就是我们学习的意义。当新诗的独特性都能被你发觉了，那么现代文学的任何文体、任何现象，它的独特性也会很容易被你把握。（2014 – Z – 2，第20页）

大约从 1998 年开始，我在西南师范大学讲授"中国现代新诗研究"，2004 年秋天起在四川大学讲授"中国新诗与中外文化"，2007 年春天起在北京师范大学讲授"中国现代新诗研究"，授课对象均为中国现当代文学的硕士研究生。这给了我一个系统梳理和思考中国新诗发展的机会。结合讲课，我陆陆续续阅读了大量的资料，形成了关于中国新诗的一些想法，也根据同学们的反应和讨论不断调整内容，到今天算是有了一个相对稳定的观点和思路。

原来的讲课没有刻意约束，有时候兴之所至，马跑得很远，蒙同学们不弃，悄悄帮我录了音，我在重庆的研究生丁晓妮同学又不辞辛劳，将这些录音一一整理成文，供我进一步修改完善。多年前，当她将这些文字稿电邮过来之时，我又惊讶又感动，这一切都是她默默进行的，我事先并不知情。没有她的工作，也许我自己根本就没有整理成稿的决心，那么，今天也就不会有这部书稿了!

既然是讲课实录,文字难免口语化,恐怕也有若干不够严谨之处,我也一度打算通通修订,由口语转换为我们习惯的书面语,但是左思右想,还是放弃了,因为,它本来就是"讲稿",为什么一定要削足适履,纳入我们看得太多的"论文范式"中去呢?如果口语的鲜活能够多少体现一点自由思想、自由讨论的课堂气氛,纪念一下当时那"教学相长"的美好时刻,不也是一种新的学术形式吗?(2014-Z-2,第186页)

属于外国文学课"个性"的教学局限性我认为主要是文化意义的。长期以来,我们通常忽略了三个主要的事实:(1)我们所讲授的是"外国"文学,而讲授者、接受者都是清一色的中国文化人。无可否认,由于历史的、时代的、社会的、民族的差别,我们与西方人在心理习惯、思维方式及情感特征上的确存在一系列的差别,只有首先肯定并努力寻找这种差别,我们才可能真正进入外国文学的世界。在这个问题上,最危险的是用我们传统的文化观念去比附一切。比如,我们曾经把外国文学自古希腊至近现代的漫长历史总结为浪漫主义与现实主义两大基本元素的不断矛盾、斗争,而事实上,所谓浪漫主义的古希腊神话传说与中世纪但丁的《神曲》、文艺复兴拉伯雷的想象,拜伦、雪莱的诗歌以及马雅可夫斯基的热情都完全是几回事情。他们之间的差别远远大于他们之间的联系。将历史运动视为某两种基本元素的矛盾斗争恰恰是中国文化传统的特征，比如阴阳学说。（2）既然文化差别客观存在，我们就有义务尽可能地去缩小和消除这类差别。文化的差别、文学的差别又别无选择地显示为语言符号的差别。要真正进入外国文学的艺术天地，就需要我们进入外国文学的语言世界。在高等院校外国文学课的教学中，尤其是在中文系的外国文学教学中，似乎很少有过如此深入人心的"语言意识"，我们较少看到教师指导学生阅读外文原著的尝试。（3）不仅中西文化存在着巨大的差别，就是我们所讲授的各国文学之间也各有特色，并不完全相同。如何在一个较高层次上，从各国文化形态、民族心理的差别中理解国别文学，这是目前教学的又一大盲区。（1992－3－2，第102页）

总之，鲁迅所创造的语文实现了在各种语言资源之间的游走往返，践行着文化上的"拿来主义"："没有拿来的，人不能自成为新人，没有拿来的，文艺不能自成为新文艺。""采说书而去其油滑，听闲谈而去其散漫，博取民众的口语而存其比较的大家能懂的字句，成为四不像的白话。"能够创造这种"四不像"的新语文的鲁迅不仅是一般意义上的文化资源的继承人，更具有清晰的现实追求和强大的主体意识，所谓"运用脑髓，放出眼光，自己来拿"。

与之相反，今天以传统语文立场攻击鲁迅和白话文运动的人们，不过是将对文化资源的继承视作一种简单的认祖归宗式的道德规训，这已经从根本上放弃了鲁迅"拿来主义"的主体性。在他们那里，国学也好，传统文化也罢，不过都是抽象的概念，与现代中国的文化发展没有真正的关系，与现代中国的语文建设也不相干。由此一来，人们就不再能够理解鲁迅语文的丰富和现代语文运动的宝贵，不再能够通过鲁迅语文别出心裁的炼字造句进入一个极具独创性的奇崛瑰丽的语文世界。最终，也就是逃避和推卸着现代语文建设这一艰难而重大的历史使命。（2016－6，第22页）

这些作品和连环画，和政治老师的课堂、和我舅舅的故事一样，激发起了我的好奇心。我选择文学研究不是出于学习的需要，也不是出于职业的需要，而是纯粹出于一种好奇心，出于一种单纯的兴奋，出于儿童特有的那种对未来世界的想象力。现在来看，这恰恰是文学最重要的东西。直到今天，我所从事的文学工作仍不是从职业出发的，它对我主要还是"趣味"。我对我的学生也常常这样说，学文学要有内在的喜乐。内在的喜乐会让人不去问太多"结果"，自己在过程中就很享受，觉得有趣。（2015－2，第172页）

　　我始终认为我们的学术基础是薄弱的，我们这代人，外语未必好，古典文学的基础也不扎实，有诸多的先天缺陷。但是，我觉得唯一一个让人觉得踏实的地方就是"我为什么需要学术"的这种基础是可靠的，这种思想基础简直是无比地牢固。牢固在我觉得它跟我的生命连接在一起，它是我生命的展开，不是我为了完成任务，不是为了获得学位，不是为了获得老师的一个表扬，不是为了发表一篇 CSSCI 或核心期刊，那些都是不重要的。它使我的生命展开了，这是多么有意思的一件事。这个思想到现在对我影响都很深。包括我现在看到我的学生里面有的在抱怨学术过程很艰苦啊，也不能带来很多实惠啊，还不如自己中学时候考得不怎么好的同学啊，他们早早工作了，早就有房有车了，回到老家去都是他们的车来接，而自己读到博士了什么都没有，觉得自己无脸见人，觉得自己被人嘲笑，博士了还不如人家。

　　凡是我听到这样说的，我的心里都大不以为然。不以为然在什么地方？我认为他有一个问题没解决好，那就是你为什么走到这一步？要想清楚，这一步本来就不可能给你带来你所期待的那些。在今天这个时代，当医生和当律师之类，可能更可以给你带来你所需要的财富。学术，尤其是文学的学术，它本来就只能给你带来别的东西，它无助于增长你的家庭财富，给你更多的是无形的精神的滋养，人生的启迪。当然，也只有你

自己需要的时候，这些滋养才有价值。（2017－3，第16页）

除了日常性的个人学术研究外，其实我十分看重"西川论坛"这种学术研讨的形式，因为在这里，个人的思考能够与更多人的智慧相互碰撞，不断激发出新的思想的火花，它丰富、印证着我的学术设想，又能够让更年轻的一代成长。到目前为止，我们的论坛中已经成长起来了多位青年教授、博导、硕导、学科带头人，包括教育部"青年长江"。如果你追踪了论坛的全过程，将有机会见证这些青年学者从懵懂到初步成熟的切实的道路，这就是论坛的氛围，是论坛的力量，也是论坛的理想。说实话，我很以为荣！我希望作为学者，我们能够自如地在"西川"展开我们的论述，"西川论坛"能够为更多的青年发展创造条件。（2020－2，第24页）

这不是否认知识的重要性，而是说仅有知识是远远不够的，我们更应该发展壮大的是自己的情怀与精神追求。也就是说，我们的整个学术思想应该是深入骨髓、长在"肉"中的，从自身的人生追求中延伸出来的，而不是别人"给"定的。在学术研究中，如果我们一味地以功利的眼光来衡量学术研究和文学作品，以是否"卖"得出去、是否受人追捧为价值标尺，那么一旦当这些预想的"成功"无法达成，我们很容易就陷入学术失望中，对学术研究失去信心。因为此种衡量方法非常脆弱，不堪一击，它始终等待着被别人认可、被别人评价。与此不同，如果你的学术思想根植在你的生命体系中，那么你时时会觉得有许多东西不吐不快，甚至不能发声都是内心的痛苦。如果大家有这样的状态，那么我们的学术研究才会更具有可持续发展的动力，才会有生生不息的力量。相反，一味地等着被别人挑选、被承认，你就将永远失去人生主动权。（2019－Z，代序页）

文化观察

象牙之塔总是要安放在人间。

——鲁迅

知识分子，无论是它的哪一个来源，都体现了这样的一个本质：在我们人类的文明世界里，这是一个关注我们社会文化精神，关注我们人自身的价值权利与尊严的群体。

——李怡《为了现代的人生——鲁迅阅读笔记》

艺术发展本身的艰难性亦将显示成为艺术阐释的艰难性。
（1994－Z，第2页）

对一种基本上趋于"成型"的艺术形态的阐释和对一种
尚未成型的艺术形态的阐释是非常不同的两种情形。趋于成型
的艺术形态都有一种自足性、完整性，它充分地吸收了历史和
现实的文化信息，并恰当地完成了对这些信息的融化和组合，
当同样带着历史和现实信息的阐释者走近它时，阐释者和被阐
释者的"视界融合"是很容易实现的，阐释似乎是无甚阻碍
就能切中肯綮，同时也完成了阐释者的自我释放。（1994－Z，
第3页）

在这些容量丰富的客体面前，我们似乎获得了某种"自
由"感，相对来说，中国现代新诗这一尚在艰难中摸索前进
的艺术形态就并不那么成型，也就是说它自身并不完整，甚至
没有构成一个自圆自足的诗学体系，它是"残缺"的；历史
和现实的文化信息纷至沓来，但它往往还没有很好地加以清理
和调整，所以时常矛盾重重，让阐释者不得不瞻前顾后，左支
右绌。这个时候，我们那些丰富的历史经验和现实感受都不大
容易能够"自由"释放、"自由"地投射了，主体和客体的错
位很容易发生，或者扭曲了被阐释者，或者委屈了阐释者自

身。回顾中国现代新诗阐释史，我们可以清清楚楚地看到这种艰难性。（1994 – Z，第 3 页）

我问一个学生，你觉得自由是什么？他说今天不是很自由自在吗？我想到北门就到北门，想到东门就到东门，没人拦着我啊。我说你认为这样就是自由吗？你就这样轻率地使用"自由"这个词语吗？这个词语在多少人那里，是用血写出来的。就像姜飞描述王老师那样——他是什么什么样的抗议者，他是什么什么样的英雄——你知道这两句话背后的分量吗？这一代一代人为了思想的自由，为了争取人的权利，他们付出了多少，你只看到表面所构成的东西。（2017 – 3，第 17 页）

人根本无法认识更无法用言语来传达天地万物的终极奥秘，"知者不言，言者不知"。这样，保持事物"未加名义"的混沌状态才是明智的选择，非解释性、非主观意志性就是中国诗歌语言的主要特色。比喻，是一种有意图的话语，但在中国诗歌的实践中却极有必要消解它的"有意图性"。于是，喻象就与"山川之境"融为一体了。依着山川之境本身的感性风貌，人类修辞才仿佛达到了最贴近"道"的程度。（1994 – Z，第 35 页）

历史传承性事实上是强化了比喻作为语词的聚合功能。它将孤立的语词带入历史文化的广阔空间，并在那里赋予其新的意义，由此，比喻这样的个体行为又再次消融着它的锋芒，在历史的空间继续其"环境化"的过程。

历史的传承性与语象的环境化就这样相得益彰了。（1994 - Z，第35—36页）

西方从诗学理论到诗歌创作都始终保持着对诗人主观意志的肯定和推重。在他们看来，诗人主体的意志性高于一切，客观外物是被操纵被否定被超越的对象，诗应当成为诗人从自我出发，对世界的某种认识和理解，艺术的世界是一个为自我意识所浸染的世界，诗人们着力于自然的"人化"而不是自我的"物化"。（1994 - Z，第53页）

要深入剖析中国现代新诗的反传统趋向，就不能继续停留在与外来诗潮的种种联系之上，而要进一步地向下挖掘，探讨这些"叛逆"之所以发生的自我根源，总结它们是在何种层面上展开的，对我们传统的诗文化作了何种方向的改造，又有何种程度的保留。"反传统"恰恰需要我们新的民族文化批评。（1994 - Z，第89页）

20 世纪 40 年代的"反传统"新诗大大地超越了它的文化原型,它很少强作笑意,很少以阿 Q 式的精神胜利掩饰生命中不可改变的事实,它咀嚼着苦难,分解着苦难,以对生命的苦难性思考作为主体意识的重要根基,其他所有的人生选择,社会选择,艺术选择都紧紧地熔铸在这一层面之上。由此看来,40 年代前后的"反传统"新诗不仅在各个诗学选择上赋予了宋诗原型更雄厚的内容,而且,还根本改造了诗人的主体意识。(1994 – Z,第 103 页)

在狭窄、干枯的威慑下,中国古典诗歌何以又能绵延发展数千年呢?在数千年漫长的历史发展当中,中国诗人何以又能一如既往地保持着对"意境"理想的迷恋呢?在理想的晶莹润泽与现实的枯索干涩之间,起着平衡调剂的是什么?我认为,这就是以《国风》《乐府》为原型,又弥漫生长在广大民间的歌谣艺术。是歌谣这一完全的非文人化、非贵族化的纯朴自然的诗歌形式,不断带给中国诗人新鲜的刺激,促使他们暂时离开固有的轨道,汲取丰富的营养,借民间艺术的活力稍稍拨正那过分扭曲的"正统"诗路,维持着诗的历史运动。(1994 – Z,第 109 页)

语言是人类认识、读解世界的符号,人们依赖语言,确定大自然的万事万物，借助语言与世界和他人互相沟通，传播思想，又反过来积累自己的历史文化成果。相应地，语言也就与人最根本的世界观、最基本的思维方式联系在了一起。从这个角度来说，所谓"文法"便反映了人运用自己的思维，对世界整体结构与运动秩序的理解和模仿。在中国诗歌"明辨"与"忘言"两种文法追求的背后，显示出中国诗人的这样两重思维：价值判断与神与物游。（1994 - Z，第 133 页）

不言而喻，现代白话同古典文言比较，已经发生了较大的变化，如与现代口语更接近，引入外来语，仿效西方语言，增加了一系列的介词、连词，以强化语义的逻辑性等。但是，就诗歌语言来说，这种古今差异却又远远没有进入实质性的层次，相对而言，文言文的僵硬性更多地表现在古典散文中。对于现代新诗，它所采用的现代汉语在词法、句法上本来就与古代汉语颇多共性。例如，文字的象征性、意象性，词语的多义性，词类的灵活性，组词成句的随意性，语言简练，"辞达而已"，少作盘旋曲折的分层追踪等。汉语超稳定的这种存在方式为今人进行相似的哲学思考提供了最坚实的基础，现代中国人照样容易从汉语本身的象征会意特征体悟世界的"原真"状态，又以"忘言"的策略突出汉语的意象性、灵活性，最终模仿世界本身的浑融与模糊。（1994 - Z，第 137 页）

在中国古典诗歌艺术中，音韵规则的严格性表明了打磨语音的艰难性。须知，要完全消除语音的千差万别、矛盾冲突，使之互相配合，没有间隙，没有埂阻，温软圆滑，一唱三叹，为中国诗歌的"意境"营造回肠荡气的音韵氛围，这曾经耗费了中国多少代骚人墨客的心血呀！（1994－Z，第147页）

文化传统具有二重性。

一方面，文化传统的存在是超个体的，它以一种集体无意识的形式沉淀在我们思想的深层，常常不以我们现实意义的喜怒哀乐为转移。

另一方面，文化传统又是具体的、现实的，因为世界总是由具体的现实的人所组成，离开了个体的人，就无所谓社会，文化传统终将由个体来承担、显示和传递。对于鲜活的个体，文化传统又不可能成为一个高高在上、为所欲为的精神主宰，个体永远是而且只能是在他固有的潜能和生存根基上表现着文化传统的一部分，同时也就必然意味着将会舍弃另一部分，个体的变易和灵动又将调整传统的某些结构，或者增添一些什么。（1994－Z，第170页）

在"五四"以后一代又一代执着的新诗创造者那里，中国现代诗歌的生成包涵着十分丰富而具有时代感的信息。此时此刻，中国现代社会与现代文化的发展已经把它的核心问题明确地推到了人们面前，这就是中国传统文化与西方文化的关系。人们感到，中国传统文化活力丧失，这是导致近现代以来中国社会衰败萎顿的根本原因；与之同时，西方世界的强悍又时时提醒我们，西方文化具有长盛不衰的生命力。于是，对中国现代化问题的探讨也就自然集中到对中国传统文化与西方文化的比析推敲之中。人们反思中国传统文化自身的种种弊陋，又以西方文化为参照，探寻中国文化未来的发展方向。中西文化的讨论是自近代以来最精彩热烈又持续不断的历史事件，在逐渐穿越了物质与制度这样的文化层面之后，讨论在"五四"以后深入精神的层面。文学自然也就充任了在精神领域进行中西讨论的主要角色。（1994－Z，第175页）

在中国历史上，最有典型意义的应当是第二种选择。这种选择并不那么迂腐地纠缠住传统的理想本身，而是竭力把握时代变迁的信息，力图把传统的理想架构在变迁着的社会之上。这就要求一代又一代的文化传人不断调整传统，同时也不断调整着时代，他们会恰到好处地剔除时代精神中那些最锋芒毕露的、最有颠覆潜能的因素，从而实现传统与现代的和平对接。这样的选择既是完美地保存了传统，同时也使主体显得潇洒灵活、游刃有余，中国文化传统与中国诗歌文化传统真正的保存方式应当在这里。郭沫若、徐志摩、象征派与现代派诗人们都主要选择了第二种方式。他们是传统诗文化的继承者，但与之同时，我们却总是看到他们顺应时代潮流，迅速接受现代信息的一面，与新的时代一起降临的西方诗歌文化同他们"先赋"的古典诗歌文化彼此补充、说明，互相照应，在融会西方诗歌的过程当中，他们顺利地实践着中国传统的美学理想，这样，他们实在是用不着对传统理想如此的专注和痴迷了！（1994 - Z，第 205 页）

过多的沉浸于儿女情长、红香翠软，这在中国古典诗歌传统来说是大可指责的。温庭筠、李商隐都以写爱情和女性而著称，从正统的诗教来看，这难免就有点侧艳萎靡了。但现代条件下的艺术自由却为戴望舒无所顾忌的吸收创造了条件。于是，温庭筠、李商隐式的"相思"就在戴望舒那里继续进行。（1994 - Z，第 234 页）

是不是可以这样概括，人生的痛苦体验这是法国象征主义诗歌的基本情调，是它们所染的"世纪之病"，而这种情调和疾病在逐渐东移的过程中却与中国文化自身的性格气质产生了某些矛盾、错位，于是，戴望舒最终是以中国的方式理解和表现了外来的影响与时代的要求，他感染的是中国式的世纪病。

（1994 - Z，第 239 页）

任何超越于生活情趣的思想都必将指向一个更完善的未来，因而它也就必然表现出对现实人生的一种怀疑、哀痛甚至否定。（1994 - Z，第 263 页）

较之于西方现代作家，中国现代作家显然对他们的生活世界有更多的更直接的刻绘，这是现代中国文学的一个显著特征。（1995 - Z，第 35 页）

停滞和自大，麻木和自足往往是联袂而来的。中国封建社会的停滞同时也表现为"中央帝国"的自尊，阿 Q 的麻木紧跟着他"精神胜利法"的自足。在这个意义上，"洄水沱"意象与盆地意象又成了古老中国的共性。不过，阿 Q 式的"胜利"主要还是他失败后的自欺。从某种意义上看，那似乎更象征了中国沿海地区在外来文化冲击下的一种中国式的退缩，在"挑战"时刻无法"回应"的自我慰安，这是一个古老的文明在新时代面前的自我扭曲。而几乎就没有承受过什么"挑战"的深居内陆的巴蜀意识似乎更具有一种进攻性，一种多少带点原始野性的倨傲。阿 Q 的"胜利"仅限于"精神"，在赵太爷、在假洋鬼子面前，他分明毫无"胜利"的姿态，而保长王大廷在确认了身居四川的安全后，却立即截下一个背粮的老农，展开了更加肆无忌惮的盘剥。（1995 – Z，第 54 页）

实力以蛮力的方式显现出来，这仿佛让我们回到了人类文明的初民时代，那个时候，以道德为基础的人类礼仪还没有建立起来，权力的存在是赤裸裸的，伴以粗暴和蛮横，伴以锁链和鲜血，实力的拥有者还没有意识到要用道德手段来装扮自己的必要性。随着封建化进程的展开，人类才开始走向了礼仪时代，走向了以道德为自我包装的时代，实力派同时也是道德家。看得出来，远离封建道德文化中心的偏远的巴蜀人没有能够充分的"礼仪化"，还保留着人类初民阶段的若干蛮性，在"文学的四川"，那些分外活跃的实力派角色如代理县长、周三扯皮、白酱丹、龙幺长子、军阀营长、何管事、煤矿矿主等等都还不曾想到以道德权威自居，而是直接用各自的野性、拳头和皮鞭说话。（1995 – Z，第 62 页）

实力是权利的表现，然而，在一个有限的生存范围内，权利却不是可以无限分配的。如果连起码的法律秩序也没有建立，那么为了权利，为了拥有实力，人们就必然会展开无休无止的你争我夺，践踏别人巩固自己。于是，人与人之间的争斗也成了现代四川文学中的典型意象之一。（1995 – Z，第 66 页）

在四川文学世界中，三类景象频繁出现，总能裹带出大片的世俗风情，一系列重要的生活故事都在烟笼雾绕、倾茶倒水和觥筹交错中发生，在烟榻烟馆、茶馆茶铺、饭店酒席处铺展开来。（1995 - Z，第99页）

自我的消耗有碍自我的发展，有碍自我从生存的罗网中探出头来，寻找纯粹生存之外的精神领域的东西。自我的消耗只能走向自我的酸化，酸化就是变异，就是丧失进取的能力。"酸化"正是沙汀对四川茶馆的深切感受。（1995 - Z，第114页）

巴蜀文化最芬芳灿烂的意象和它最龌龊肮脏的意象彼此绞结着，这是不是"巴蜀意象"的一个显著特点呢？（1995 - Z，第115页）

在20世纪的四川文坛上，因"大逆不道"而遭驱逐、迫害的何止是政治家邹容和思想家吴虞，当独立的思想裹挟着艺术的天赋与才情呼啸而出，那隆隆的雷声可能更具有穿透力，又余音不绝。于是，我们注意到了这一批现代四川作家。（1995 - Z，第119页）

这一批自来就离经叛道的四川作家闯入中国文坛，立即就刮起了一阵标新立异的大风，他们无所顾忌的取法异域、大胆锐利的进取开拓、放言无惮的否定批判，都让中国读者为之震撼。反叛解放了自己，对传统的反叛也就意味着自我的开拓创新，所以反叛行为与先锋意识经常都是因缘相生的。我们注意到，中国现代文学史上一系列"首开风气"的事业都与四川作家大有关系。（1995 – Z，第 121 页）

文化对个体的"规范"既然相对弱小，那么离经叛道，标新立异的可能性就大大增加了。自古以来，巴蜀文人就敢于突破传统，自创一格。（1995 – Z，第 129 页）

不管是自觉还是不自觉，生活在这块土地上的现代四川作家已经就浸润在这一种特异的地域习俗与品格之中了，这些习俗和品格也会继续滋养和鼓励他们的反叛、先锋行为。所谓自觉，指的是他们对巴蜀传统中叛逆行为的主动认同，特别是对巴蜀传统作家人生态度与开创精神的钦慕、赞赏；所谓不自觉，指的是他们别无选择地降临在了这块土地上，并且在一个相当长的时间内将不得不适应环境，接受"特异"区域习俗的养育。（1995 – Z，第 130—131 页）

今天，关于 20 世纪 20 年代末期的那一场论争已经有了多种多样的解释，从前些年的"方向不明""宗派主义"到近些年的"中青年文化冲突"等不一而足。在我看来，从区域文化决定的两种反叛境界的差异上也可以获得某些说明。在以郭沫若为代表的"四川集团"一方，根本没有感受到来自传统文化的压力，他们一心进取、求新，面对新生事物就不愿出现丝毫的犹豫，也不理解他人何以这样的滞后，这正是巴蜀人无所顾忌的激进；在鲁迅等"浙江集团"一方，因为深深地体验到了传统文化的压力，因而也较多地考虑到新思潮引进和建构的艰难性，他们还需要思索，需要细细地观察，他们还不愿意轻而易举就放弃自己已经取得的思想成果，这正是吴越人的审慎和延宕。（1995－Z，第 137 页）

在整个中国现代文学的发展过程中，这两种不同的叛逆境界实际上是一种互补，江浙等文化发达区域的叛逆带来了进步的稳健，巴蜀式的叛逆则为文坛注入了活力。现代四川作家惯于首开风气，而浙江、山东及其他北方中国作家则显示着文学的实绩。（1995－Z，第 139 页）

关注人的现实生活，对此作客观冷静的描写，这显然不符合中国传统文学道德说教的老路。同整个中国现代文学与现代小说一样，四川现代文学特别是现代小说再现现实生活的求"真"首先还是得力于西方文学的传统。（1995 – Z，第167页）

方志式的实录、龙门阵式的叙事都从求实写真的取向上牵引着四川作家的思维，牵引着他们终于部分地抵消了诗骚传统的影响，以求得艺术选择与自己更熟悉的日常生活氛围相契合。（1995 – Z，第179页）

为什么像李劼人那样抛开情节和人物，介绍自己的方志知识，我们却照样能够读得津津有味，并没有过分感到它的分裂，因为此时此刻我们读者已随着他们的笔迹坠入了龙门阵中，是龙门阵特定的自由和散漫从另外一个意义上保证了小说的完整和统一，并且仿佛愈是这样，也才愈能烘托出巴蜀社会与巴蜀文化的生态气氛！（1995 – Z，第188页）

现代四川作家这种以自我批判和自我否定为特征的"再移民"是对移民传统的一种创造性转化，它较多地抛弃了传统移民文化的"故土神圣"观念，又以自我批判的方式强化了移民对异域文化的大胆接受。移民传统中最活跃、最有生命力的因素至此得以充分的调动。（1995 – Z，第208页）

借助西方文化的力量，以自我否定的方式创化移民传统，这就不断地把我们的四川作家推到了那些更陌生也更宽阔的生存环境当中。于是，最自由的不定着某一区域的漂泊又成了许多作家的梦想。（1995 - Z，第 208 页）

这倒出现了一个有趣的现象，无论是巴金、艾芜还是其他的四川现代作家，一旦他们决心去漂泊四海，向陌生的宽阔的世界挺进，也就必然意味着将更多地认同、接受其他区域的生存方式与人生理想，单纯的故土经验将会被超越；但是，追根溯源地看，这种对异域文化的接纳和对故土生存的超越却恰恰与巴蜀的移民传统有着千丝万缕的联系，是移民传统在其他文化冲击下发生创造性转化的结果。一种区域文化能够生成自我否定的力量，这，便是文化发展的新机和希望。（1995 - Z，第 213 页）

就日常生活场景的丰富性来说，京派讽刺长于左联讽刺，就讽刺主题的尖锐性来说，左联讽刺又长于京派讽刺，而我们的四川文学作品却似乎将这两者有所统一。较之于张天翼对"典型"的挑选和对人物言谈举止的夸张、放大，四川作家取诸生活的巴蜀调笑更加的丰富、更加的"本色"；较之于老舍有时候因没入生活而略嫌轻软，四川作家对调笑的再利用也更

为锐利和具有批判力量。(1995 - Z，第 227 页)

七月派作家就是挣扎于底层生存界面上的最重要的中国作家群，七月派作家的出现就是文学的中国在抗战时代深情呼唤的结果。(2001 - Z - 1，第 3 页)

的确，中国现代文学研究界乃至整个中国现代学术思想界对于"现代"的认识都经历了一个复杂的过程。当我们将自己完全置于启蒙主义思想大潮的 20 世纪 80 年代，在"现代意识"漫天飞舞的时候，其实我们很少对"现代"这一思想或概念进行全面而冷静的考察。而引起中国学术界警觉并高度重视却是在 90 年代即"现代"及其价值已经遭受到了深刻的质疑以后，当然这种质疑首先并不来自我们中国现代文学界，这一源于"现代之后"的西方思想界的声音是经由"新锐"的中国文艺学界及当代文学界的"舶来"后终于对贫瘠的 90 年代思想产生了重大冲击的。(2001 - Z - 2，第 3 页)

这里处处横亘着不同精神范畴的差异和分歧，文学则是最难为明晰的理性逻辑框架所吞没的自由精神的运动形式，它常常复杂到所有的既往概念都难以理喻的程度。(2001 - Z - 2，第 7 页)

在中国现代文学史上，"学衡派"的遭遇是充满了戏剧性的。一方面，众所周知的事实是，人们长期以来追随新文化运动主流人物（"五四新文化派"）的批评，将它置于五四新文学运动的对立面，视之为阻挡现代文化进程的封建复古主义集团，甚至是"与反动军阀的政治压迫相配合"的某种阴暗势力；另一方面，90年代以来，它又随着文化保守主义思潮的"复兴"而大有身价陡增之势，一些学者甚至重蹈"学衡派"当年的思路，把"学衡派"诸人的努力作为救治"五四"偏激的更全面更深刻的文化追求。其实，无论是先前的近于粗暴的批评还是当下的近于理想化的提升，都不一定符合"学衡派"的实际。（2001 - Z - 2，第15页）

"学衡派"接近"五四新文化派"而与形形色色的真正意义上的复古主义的又一个重要区别在于，支持它的文化学说的现实动力并不来自对传统的缅怀而是一种发展中的西方文化理想。（2001 - Z - 2，第21页）

考察"学衡派"对于五四新文学的批评，我们更能感受到批评者与批评对象之间的隔膜。我注意到，"学衡派"对五四新文学的批评大体都有这样一个现象：理论上的体大精深、铿锵有力与论据的稀少形成了鲜明的对比，有不少论文甚至基本上就没有涉及它所要批评的文学作品的具体内容，"学衡派"的文学批评基本上是种架空了的理论自语。（2001－Z－2，第30页）

五四新文学创造者们在突破传统文学格局创立新的文学样式之时所表现出来的种种情绪性的语言，的确不及"学衡派"那么"公正""客观"和富有科学性。但是，文学创作首先是艺术而不是科学，种种情绪性的语言从来不曾影响新文学作家对中外文学遗产的借鉴和学习，更不曾成为他们文学创新的障碍。而且事实很明显，开拓了中国现代文学发展道路的并不是"学衡派"的"公正"的理论和他们作为古典诗词"余响"的旧体诗创作，五四新文学创造者们固然"偏激"，但恰恰是"偏激"的他们创造了我们今天还在享受着的无数的文学财富。（2001－Z－2，第34页）

中国现代文化因择取的审慎而显得坚实、丰厚，又因承传的激情而洋溢着青春的活力。择取与承传由此而成为现代中国面向传统、开拓未来的两种最典型的姿态。（2001－Z－2，第68页）

从人的生存意义解释文学，任何文学作品都可以说是对某种生态的体验、表现与思考。作家诞生于某种生态环境，又在这种特定的生态环境中完成了自己，他不断因"生存"而与环境对话，玩味它、倾慕它、背叛它，生存的文化造成了自己的作家和文学。作为精神结晶的文学又不断充实和丰富着生存文化的内涵。（2001－Z－2，第100页）

生命体悟与文化规范的矛盾正是存在于20世纪中国学院派诗人那里的一种普遍性的尴尬。（2001－Z－2，第247页）

对于鲁迅的各种激赏赞誉之辞，我们并不陌生；对于其他种种的挑战与质疑，我们也没有必要大惊小怪，甚至遮遮掩掩。因为，它们都已经成为现代中国一个重要的事实。鲁迅本来就是在这样的毁誉交加中存在着，生前如此，死后依然如此，这样的现象本来就没有为特立独行的他增加什么或者减少什么，鲁迅总归还是鲁迅。（2004－Z，第16页）

什么是"结"？什么又是历史文化发展历程中的难以"消化"的存在？这是比照广大中国人的人生态度而言的。如果说历史的发展真可以用中国古人常用的"河流"来加以比喻，那么应当承认，绝大多数的芸芸众生都只能为历史所裹挟，并因裹挟而变化，随波逐流。他们努力要使自己"融入"历史发展的潮流，成为历史文化的一个"水乳交融"的自然环节。在鸦片战争以后，除了那些极少数冥顽不化的守旧人士，大多数的中国人都不得不在西方文明的强大压力中寻找"求新逐异"的道路，在这个意义上说，能够追随时代变化的浪潮"与时俱进"倒真是我们实实在在甚至就是相当理想的生存方式。我们恰恰惧怕的是"为时代所抛弃"。然而，鲁迅的特殊就在于他往往超越了这众多的"一般"，他总是这样的傲岸，这样的特立独行。他的思想与行为当然属于20世纪的中国，但他常常都不是以简单认同历史发展的"主流"而出现的。鲁迅一方面推进着中国文化的现代性趋势，但另一方面却又常常最大限度地在这一趋势中保持着自己的独立性，甚至抗拒和改变着其中的诸多细节。"与时俱进"这个在今天似乎是不证自明、理直气壮的词语并不能描绘鲁迅的选择，鲁迅不是"与"别的什么一同前行，他本身就在"独自前进"，或者说，他是以"独自前进"的方式反过来引领了"时代"。

鲁迅，在自己"独自前进"的道路上最不"听话"，不听中国古人的至理名言，也不轻易相信外国的"先进理论"；不听知识精英的宏篇大论，也不接受民间大众的窃窃私语。他拒绝了当时官方的指令，也拒绝了在野的革命势力的干预。（2004－Z，第17—18页）

知识分子，无论是它的哪一个来源，都体现了这样的一个本质：在我们人类的文明世界里，这是一个关注我们社会文化精神，关注我们人自身的价值权利与尊严的群体。对于我们生活着的世界，他们致力于整个文明发展的核心部分——文化的创造精神的探求，俄罗斯知识分子的忧患就在于他们的文明已经被西方文化的发展远远地抛在了后面，他们试图通过对西方近现代文化的引入，激活俄罗斯民族的创造精神；对于我们自身，他们关注的是作为一位公民的基本生存权利，关注的是人之为人的一系列原则：人格、尊严、理想与信仰，他们致力于维护公民权利的社会价值体系的建设，法国知识分子就是这样。（2004 - Z，第30—31页）

在普遍的生命关怀的角度上，鲁迅的文学创作具有一个更广大的根基，这就是最大限度地理解人类生存的多样性与生命的基本权利。这样，鲁迅小说就不仅仅以人在社会历史中的价值来作为生命存在意义的判断，从而与"五四"新文学（如"问题小说"）的基本思路有所差异。（2004 - Z，第99页）

然而，在基本的政治制度问题尚未解决的时候，纯粹的"思想文化"探讨恐怕本身就不太现实，就是中国知识分子本身也会不知不觉地投入对现实政治的热切关怀之中。陈独秀就

是这样。（2004 - Z，第 121 页）

在我看来，杂文究竟是不是文学，或者说杂文究竟有没有艺术价值，这并不是依据哪一本文学理论书籍可以回答的，实际上也并不存在一个确定不移的所谓"文学"的理念。这里的关键恐怕还在于鲁迅自己的理解和实际的追求。我们应该看到，在对于"文学"的理解上，鲁迅本来就与很多人不一样。（2004 - Z，第 205 页）

从 20 世纪 80 年代初直到今天新世纪的二十来年的时间里，我们的中国现代文学研究发生了相当大的演化。在我看来，这一时期先后出现的三个关键词可以说大体上勾勒了这一演化的基本走势："走向世界""现代性"与"全球化"——这三个词的出现代表了各自历史阶段的特点，而它们所构成的运动方向又折射出了学术研究以及学术研究背后的种种话语关系。通过对这三个词的梳理，我们将应该更清楚地揭示包含在中国现代文学研究发展背后诸多文化信息，从而加强我们学术追求与文化反思的自觉性。（2006 - Z，第 7 页）

在历经数十年的文化封闭与唯阶级斗争化的理论封锁之后，是"走向世界"的激情实现了我们宝贵的思想"突围"，在"世界文学"宏大背景的比照下，中国现代文学研究获得了空前开阔的视野。"走向世界"的过程同时也是"世界"涌入中国的过程，因为有了"走向"，才出现了后来潮水般汹涌而来的西方文学的"方法"，这林林总总的"方法"终于更新了我们业已僵化的文学批评模式。(2006 - Z，第 11 页)

当"走向世界"的注意力更多地集中在了怎样的"世界"，而不是作为创造主体的中国作家究竟如何在"走向"，这便为后起者的学术质疑留下了空间。难怪在 20 世纪 90 年代的"现代性质疑"思潮中，不少的学者都将包括文学在内的中国文化的现代性动向指责为"西方文化霸权"的产物——因为，至少是我们的文学史本身并没有描述出中国现代知识分子如何进行独立精神创造的生动过程。(2006 - Z，第 13 页)

中国的"后学"论者在移植"现代性终结"判决的同时，当然也移植了西方后现代主义对"现代性"知识体系的清理，这样的清理工作的确是长期致力于"现代"文学研究的 20 世纪 80 年代中国学者所未曾进行过的。在这个意义上，我们可以说正是这些新鲜的"现代性"知识体系极大地更新了我们固有的认识与思维，带给我们分析既往的文学现象以新的视角新的方法以及新的结论，通过知识的清理，我们过去关于"现代""现代性""现代化"的或零散或随意或飘忽的认识都第一次被纳入一个完整清晰的系统当中,并且寻找到了在人类精神发展流程里的准确的位置。(2006 - Z,第 14 页)

从现代西方的概念出发又试图来解决现代中国的问题,这可疑的思路还体现在我们对"现代性"这一概念本身的追寻方式上。(2006 - Z,第 50 页)

所谓"鲜活的感性运动中的存在",这就意味着我们的文学传统应该是现代中国作家实际人生体验的感性汇聚,它与同样存在于现代中国的思想运动与一般文化的运动有着重要的联系,但是在存在形态上与后二者有着本质的不同。更不是我们今天的文学史家从一般的思想史出发所做出的理性逻辑的推导与组合。在今天,我以为对于中国现代文学传统的认识极有必要与我们对于中国现代思想史与文化史的概括区别开来,极有必要在"文学之内"的基础之上理解和消化"文学之外"的影响,而不应该以对"文学之外"的叙述来代替我们在"文学之内"的实际体验。对于影响现代中国的一系列基本的思想观念,如启蒙、进化、理性、现代民族国家、国民性等,都不能够仅仅以概括它们在西方社会的存在状态为满足,也不能够以它们在西方文学中的表现为准绳。我们应当格外关心的是，现代中国文学自己所表现出来的思想观念是什么，在中国作家的心目中，启蒙、进化、理性、现代民族国家、国民性究竟意味着什么，它们又是怎样产生的，在实际的创作中获得了怎样的处理。（2006－Z，第 64 页）

就这样，从"学衡派"到"后现代"，我们的"现代性"批判者们远远地离开了中国人的"现代"生存事实，他们把复杂的历史进程简化为一种外来的强势文化的自由扩张过程：在现代中国，也就是西方文化的输入过程，或者说是帝国主义文化对于中国的占领、支配的过程。按照这样的纯粹的理论推演模式，似乎中国人在自身民族生存发展过程中的种种复杂的体验、遭遇和要求都无关紧要了。仿佛现代的中国人不是按照自己的人生体验在选择自己的发展，而是按照遥远的异国他乡的思维在确定中国的一切，好像这个世界就只有一种不可改变的"现代性"模式，我们只有亦步亦趋地重复着人家的"现代性"而不会出现任何切合中国实际的"改变"；仿佛现代中国人都丧失了起码的主体创造意识，一切现代中国的事物都不过是外来文化的简单复制。显然，这样的对于"现代性"问题的探讨方式不仅不能反映出对象的丰富而完整的内容，而且在根本上也无助于我们对于"问题"的真正发现——我们对于"反现代性"的批评并不是说现代中国的"现代性"过程就没有值得质疑和批评的地方了，但现在的更为可怕的现实是，从"学衡派"到"后现代"，如此脱离实际的批评基本上就无法触及"现代性"所存在的真正的"问题"！（2006 - Z，第 106 页）

　　与某些现代中国的文艺理论家以"鉴赏"来贬称中国古代的文学批评相映成趣的是，现代中国恰恰在自己的文学思想建设方面留下了太多的空白与遗憾。我们"超越鉴赏"，试图进入理性王国的大厦，然而这个已经由别人的概念、别人的术语所建构起来的大厦却似乎并不那么听任我们摆布。常常都有人在感叹，现代中国还是缺少自己的文学理论、自己的诗学体系，支持我们文学批评的这一整套的基础概念都来自西方！20世纪前半叶是匆忙演绎了西方几个世纪的文学思想，50—70年代则是苏联的文学思想的借用，而最近二十多年则转而继续追踪西方现代—后现代的文学思想。整整一个世纪过去了，最让中国的文学理论家们忙碌不堪的事情便是翻译、输入和试用外来的文学理论概念。翻译、介绍工作真正成了"一切工作的生命线"，外语的优势与对外来理论信息的占有最生动地展示了20世纪90年代以后人们议论纷纷的"话语/权力"关系。仿佛中国文学批评所要解决的问题不是中国文学自己提出来的，它们不过就是西方思想早已揭示的普遍问题的一个局部的证明；仿佛中国的文学理论界并不是按照自己的文学发展需要所形成的中国的"思想工厂"，而是西方理论的巨大消费场所。久而久之，我们不禁会问，中国的文学究竟还存在不存在自己的问题？或者说，中国现代的文学思想家们还有没有发现这些问题并试图展开它们的能力？（2006－Z，第151页）

在这个意义上我们可以看到，现代中国对西方文论的"需要"主要还来自自己生存的表达，它与西方文化本身的强势地位并无本质的联系。换句话说，西方文化在整体上的强势特征并不能成为西方文论"出身高贵"的理由，而中国文化在当今世界的暂时的弱势处境也并不能成为中国文论"人穷志短"的根据。中国当代文艺理论家引入西方文论并不是为了替自己"低微"的出身寻找到一个"堂皇"的装饰，不是为中国自己的文艺现象更符合"世界先进思潮"寻找证明，甚至也不存在"与国际接轨"的问题，文艺思想的多样性与人类文明的多样性一样恰恰是精神成果的正常现象。

而正视和承认这种"多样性"也就首先必须正视和承认人作为文化创造者的不可抹杀的主体性。（2006－Z，第168—169页）

—再出现于中国新文学批评话语中的关键词——传统其实

是相当暧昧的，它至少被人们置放在两大指向和多重价值的含义上加以征用，又由于批评者各自所认可的价值立场的差异性，许多由抽象的"传统"而引发的话题其实很难在同一个层面上进行，并最终通过大半个世纪的推演，让"问题"得以丰富地展开或者深化——一是中国新文学与古典文学"传统"的关系，二是中国新文学自身所形成的"传统"。这两种意义上的"传统"都关乎我们对于中国新文学本质的把握，影响着我们对于其未来发展的估价，值得我们加以特别地留意。(2009 – Z，第 3 页)

急于摆脱旧传统束缚的 20 世纪 80 年代的确是在"拥护/反对"的对照性表述中肯定外来资源的，那个时候并没有所谓"二元对立"的反思问题。真正开始反思"二元对立"是在 90 年代，然而，就是这个时候的反思却又给我们正确理解中国新文学的历史造成了很大的困扰，现实就是这么的错位！(2009 – Z，第 72 页)

因此，在介入十七年文学研究热之前，我依然想奉献几句不够"时尚"、不够"和谐"的建议：在以上这些理由能够吸引我们之前，首先需要追问我们自己，关于"十七年文学"，我们究竟有多么丰富和尽可能完整的感受？因为，结论的时尚并不能够替代我们内心世界的真实把握，时尚是一时的，而感受是一世的。比如，当我们追随西方后现代主义的步伐来反思和批判现代理性的时候，是否有更充足的理由认定中国的现代化道路完全是由殖民者的文化来划定的，而无数中国知识分子的苦难和求索都缺乏真诚和足够的现实基础？如果这些逻辑本身也值得怀疑，那么我们就更应该追问我们的内心：在真诚感受"十七年文学"之后，我们是否真愿意倾情拥抱？一种割断了"五四"启蒙传统的朴素在多大的意义上真能够成为我们的信仰资源？（2012－Z，第103页）

在实际的文学比较当中，我们又很容易忽略"交流"现象本身的诸多细节，或者说是将"影响研究"简化为异域因素的"输入"与"移植"过程。这便在很大的程度上漠视了文学创作这一精神现象的复杂性。因为，精神产品的创造归根到底并不是观念的"移植"而是创造主体自我生命的体验与表达。作为文化交流而输入的外来因素固然可以给我们某种启发，但并不能够代替自我精神的内部发展。一种新的文化与文学现象最终能够在我们的文学史之流中发生和发展，一定是因为它以某种方式进入了我们自己的"结构"，并受命于我们自己的滋生机制，换句话说，它已经就是我们从主体意识出发对自我传统的某种创造性的调整。（2018－Z－1，第7页）

中国现代文学的发生发展都受哺于中外文学交流的成果，正如我们在前文所说，这些交流的基本体现便是中国作家的一系列异域体验如"日本体验""英美体验""法国体验""德国体验""苏俄体验"等。在所有的这些"体验"当中，我以为是"日本体验"与"英美体验"更起着某种结构性的作用。从某种意义上说，五四新文学运动便是中国作家"日本体验"与"英美体验"共同作用的结果：日本体验对中国作家造成的生存压力激发了他们生命的内在活力，日本体验中所感知的西方现代文明景象则成了他们的理想目标；英美体验给了中国留学生比较完整的学科专业训练，英美文学发展中的具体文学策略也往往成为中国作家直接取法的对象（如胡适对意象派语言主张的摄取）。然而，自五四以后，由于归来的中国留学生社会地位与文化取向上的明显差距，他们各自所倚重的异域资源也更加显露出了彼此的分歧。（2018－Z－1，第 24—25 页）

几千年的风霜雨雪之后，传统中国的主流伦理也步入了它的"末法"时期，古老的价值框架逐渐无法承受这个巨大帝国的蹒跚的身躯。接着，被动卷入资本主义扩张时代的中国，其面临的第一个选择也就是如何跳出农业文明的狭小的生存空间，在广泛的世界性的联系中重新处理人与社会、人与国家、人与人以及国与国的关系。这里的新"关系"的复杂性已经不再是儒家文化的设计所能够解决的了，因为这个世界的其他部分对于人的生存的定位与我们迥然有别，无法与我们通过简单的对接实现顺利的交往和对话。在全球化的生存竞争当中，道家文化、佛家文化对现实生存的否定性思维虽然自有他的理由，但却很难再成为主导性的文化观念。随着传统中国的关于人的定位方式的逐步解体，新的思想与新语汇都有了萌生的可能。

在中国国内，古老价值体系的靫裂与外来文化的渗透都在发生。（2018－Z－1，第68页）

将"五四遗产"简化为《新青年》与五四新文化派，这在某种程度上掩盖了我们对现代中国文化启端的丰富而复杂的内涵的发掘，也给一些望文生义的指谪留下了可能。在作为历史发动火车头的五四新文化派的背景之上，存在着一个更为广阔的"五四文化圈"，它由新文化的倡导者、质疑者、反对者与其他讨论者共同组成。他们彼此关系有疏有密，但远非思想交锋之时的紧张和可怕，他们彼此的砥砺和碰撞连同中国社会自"五四"始见端倪的"民国机制"一起保证了现代中国文化发展的能量和稳定，属于我们重新检视的"五四遗产"。（2009－3，第64页）

　　"革命"是中国现代文学史对五四新文学运动的经典性概括，也是五四新文学倡导者在当时的普遍认知和表述。

　　我们的文学史一度将"革命"归结为陈独秀等政治革命家，而将"改良"的胡适排除出去，并有过这样的判断："（陈独秀）事实上是当时文学革命的领导者；而他的态度和胡适的不同处，也正象《文学革命论》和《文学改良刍议》两篇文章题目所表示的差异一样。"甚至将胡适对"文学革命"的回顾视为"大言不惭的吹嘘"，断定"这只能是对历史的歪曲和对'五四'文学革命传统有意的篡改和嘲弄"。相反，有海外学者却肯定胡适改良文学的"实验主义"精神，批评陈独秀的主张是"文字浮夸异常"，"以文学知识和立论态度来讲，真可谓集无知与不负责任之大成，其精神上和胡适那篇劝人不要用陈腔滥调、不要作无病呻吟的文章可说背道而驰"。现在看来，这些褒此贬彼的"分割"式的认定，实则削弱了五四文学革命的普遍性和丰富性，进而在"五四"遭遇质疑之时捉襟见肘、难以应对。（2016－12，第167页）

学术方法

你我相逢在黑夜的海上，你有你的，我有我的，方向。

——徐志摩

尊重自己的文学感受，将学术纳入生命体验的过程之中，我们才能有所质疑，有所创立。

——李怡《被围与突围》

所谓"传统"，从来都不是铁板一块，它应当是一个综合性的有机体，由许多不同的文化形态所构成。这些文化形态各有其不容代替的特性，各自从属于历史发展的某一个时期，但又都有另外一些共同性的文化取向，"共同"形成了系统的有机性，而差别则表现为系统的丰富性。（1994 - Z，第61页）

在我看来，从区域文化的角度探讨现代作家的文学追求，又应该注意到这样两个方面的事实：其一，"文化"是外在于个体的存在，它会以自己的"适应"原则来引导、干预和组织个体的思维和行为；其二，人类个体的价值恰恰又在于其不可重复性，就是说它不可能为"文化"的规范所彻底消化掉，这对作家尤为明显，作家的主体意识是区域文化最难吞没的东西，主体的"硬度"总能造成个体与文化的某种间隙。（1995 - Z，第117页）

但是，我认为，仅仅从特定区域的文学传统来解释现代作家的精神风貌还是很不够的，因为，古老的传统与现代人毕竟是两种分隔开来的东西。前者之所以能够对后者发生影响，为后者所认同所接受，一定是因为两者之间有某种跨越历史阻隔的精神上的同构性，是精神的同构导致了文学趋向的认同，而这种精神的同构又成之于某种更为深层的生存形态，精神结构的形成终究是由区域环境的生存模式与生存态度（合称"生存形态"）所决定的。这样，我们还有必要进一步向下挖掘，剖析对现代作家尚有影响的属于巴蜀区域特色的生存形态。（1995－Z，第153—154页）

提出"巴蜀派"一词并不是为了哗众取宠，而是想借此深入阐述这一区域文学派别在中国现代文学史上的独特价值。为了与其他区域的中国现代文学相区别，我在这里再对写实型的巴蜀派补充几句，因为他们最鲜明地体现了现代四川文学的区域文化特点。我们说中国现代文学三个十年的历史是由来自不同区域的作家共同书写的，但这并不意味着每一个区域的作家都固守了自己的乡土体验。为了生存和发展，他们当中的绝大多数人都曾迁徙乃至流亡，行动上的迁徙和流亡终于又转化成了精神上的迁徙和流亡，而且在西方工业文明的冲击和民族战争的洗掠之下，他们的乡土也可能无法保持原有的完整和纯粹了。（1995－Z，第279页）

认识地域首先意味的还是认识我们自己，进入地域实际上是为了实现我们自己。如果对地域的认识可以在一个特殊的方向上推动我们摆脱对于外在权威的盲从，从而寻找自我、发展自我，那么这才是有意义的。而在这样一个意义上来思考地域，解释关于地域的种种文化与文学现象，那显然也就意味着我们的探索绝不是坐井观天的画地为牢，而是适应和推动现代化进程，为了实现我们自己。（2002－Z－2，第3页）

从本质上看，真正的地域文化特征（而不仅仅是某些地域风物的刻绘）实际上就是与人的个性独立的发展联系在一起的，是人为了更清楚地认识自己才审视着周遭的生存环境，是人为了更自觉地发展自己才将自己的心智扩展到了更广大的地域。当人还没有充分意识到人的独立价值之际，事实上也很难在整体上形成某一个地域的群体优势和群体个性。（2002－Z－2，第4—5页）

只要我们努力返回到中国现代文学的文学史现象内部，我们就会发现，无论是作家个人还是文学运动的潮流，都难以用简单的"直线向前、不可重复"的思维方式来概括其复杂的"现代"观念。（2001－Z－2，第7页）

中国现代文学的"现代"特征都发生于中国现代社会复杂的空间结构中，是中国现代作家在各自的空间体验下所弹奏的繁复的艺术旋律。

我们将在这样的"繁复"中（而不是单一到同一的现代

性时间概念中）读解现代的诗、现代的文学与现代的文化。即将呈现在我们面前的"繁复"的空间至少包括：由不同人生体验、精神差异所形成的现代知识分子的群体与个体分割，由不同的艺术领悟所形成的文体追求（如诗歌）的分别，由不同生存环境所形成的地域性的差异以及中国现代文学研究阵营的分化——一种与个体研究者空间体验密切相关的学术个性的凸显。现代中国文学的繁复的旋律，正是在这千差万别的"空间"中弹奏的。（2001 - Z - 2，第 11 页）

在这里，我以为，值得我们加以重视的是另一个基本的精神现象——生存体验。相对于静态的知识输入而言，一个人生存体验的获得更有其整体性、丰富性与复杂性，它最终决定着我们看待世界与人生的方法，只有生存体验的根本变化，才从一个更深的层次上引导了理性观念的嬗变。（2004 - Z，第 51—52 页）

翻检 20 世纪 90 年代以后活跃在中国文学批评界的这些"现代性"话语，我发现，它们似乎呈现为两个比较明显的学术版块：一是对西方"现代性"话语的介绍、追踪和分析；二是从所谓的"现代性"视角出发对现代中国的文化与文学问题展开解读。而在我看来，如果是强调中国文学与文化现象的独到的学术发现，那么出现在中国学术界自身的学术思维与学术态度倒值得我们格外注意和研究。我相信，对于中国文学与文化的富有创造性的发现，一定与我们思维与方法上的独特选择有关。换句话说，推进中国文学与文化研究的重要途径也在于我们对于自身学术思维与学术方法的不断反思与追问。（2006 – Z，第 1 页）

与其说我们是要以"现代性"的框架来"重写"中国现代文学，不如说是要呈现中国现代作家在文学中的"现代性"感受。感受的多样性决定了研究的多样性与可持续发展性。只有在这个意义上，在中国文学"现代性"的生长史与诸多的生长细节都等待着我们的重新进入的时候，"现代性"才可能是一个可以延续到新世纪的课题。（2006 – Z，第 20 页）

多重概念的歧义相互胶着，便出现了新思维之于 20 世纪中国文学的阐释的艰难，其艰难既在于这些概念使用可能存在的差异，也在于概念与文学创作本身的差异，它们都可能导致文学阐释的简单化与理念化，都可能付出牺牲文学自身的丰富性与复杂性的代价。我以为，在对 20 世纪中国文学的阐释当中，首先必须对"现代性"这一概念进行重新的清理和做出更接近中国文学创作事实的界定。新的界定当然是我们对于西方现代性"知识"充分考察的结果，但却不应当是这一西方来源的直接的迁移。鉴于"现代性"概念不可避免地与诸多西方文化因素的纠缠关系，我甚至设想，在阐述 20 世纪中国文学实际现象的过程中，我们可不可以摆脱对这一概念过分的依赖，以我们自己的文学理解提炼出其他更恰切更丰富的语汇。因为，在今天关于 20 世纪中国文学的阐述当中，这些概念的歧义性已经严重影响到了我们对于实际文学问题的真切把握，影响到了我们对于 20 世纪中国文学思潮的深入理解。在这个意义上，我以为，目前中国学术界的首要任务不是继续卷入"现代性"话语的混杂声响，而是重新检点我们的阐释立场，以期对中国文学的问题本身有真正新的发现。如果是为了"问题"本身的展开，"现代性"概念本身的存亡是无关紧要的。（2006 – Z，第 32—33 页）

我认为，只有当中国学术界不再以"紧跟"西方学术界的话语作为自我肯定的标准，当中国文学的阐释已经获得了属于自己文学现象的概念，当"现代性"不再是某种自信心的表达时，那中国文学的研究才真正步入了健康的轨道。而在这个时候，"现代性"才可能成为中国自己的"现代性"——如果真的存在那样一种文学的与生存的"性"的话。（2006 – Z，第 33—34 页）

在这个意义上，我以为作为"传统"的中国现代文学，永远不会是一个单纯的时间概念，不是"现代"社会里出现的所有的文学现象的汇聚，它只能是那些为文学的蓬勃发展提供巨大动力与精神资源的部分，是中国现代作家自觉建构的区别于中国古典文学的"现代性"的文学。（2006 - Z，第66页）

对于20世纪90年代以来"现代性批评话语"的前述质疑并不是要抹杀关于中国现代文学与文化现象的系统思考。恰恰相反，我们的确有必要真正摆脱过去学术研究中的随意与空泛，为中国文化人的现代创造寻找到一个更有支撑力量与解释力量的研讨基础。只不过，这样的基础不会是对西方现代性系列话语的简单引入和借鉴，西方现代性理念的合理性并不能直接转化为中国文学阐释框架的合理性，我们必须要分析我们自己的"现代"问题，而文化与文学其实就是我们自己的这些"问题"的展开方式。

"现代性"是他们的，而"现代"是我们的，重要的不是他们"现代性"，而是我们的"现代"。（2006 - Z，第148页）

问题在于，一个民族的文学与文化思想建设，归根到底并不在于厘清与外来文化、外来诗学的关系（尽管这也仍然可以是一个重要的问题），而应当是当前的文学环境与生存环境究竟给理论家提供了什么？中国当前的理论家是怎样感受和描述这样的环境？这样的当下感受与思想表达有什么特别的意义？这样一些"问题"的解决便形成了我们新的理论设计，而这样的理性设计必然区别于西方，也区别于我们的过去，代表的是我们自己的新的诗学的趣味、文化的命题。（2006 - Z，第 150 页）

是的，我们需要"返回"，但返回的不是中国的传统而是我们自己原初的生命感受、文学感受，其根本意义就在于调动了生命的感受。（2006 - Z，第 159 页）

一种新的生存生命体验和新的自我意识也最终保证了西方文化—中国古代文化不再处于简单的二元对立状态，西方文化并不是作为中国古代文化的颠覆者而出现在现代中国的，而中国古代文化也不是作为西方反抗者而确立自身价值的。文化的对抗性思维并不是文化发展的有利状态，在作为创造主体的人的精神建构成为我们的主要目标之后，一切外来的文化，一切古代的文化都可以成为我们自由选择的对象。（2006 - Z，第160 页）

提出当下的文学感受问题，这当然不是否认中外文学理论之于我们学术的重要价值，而是说，对于以创造为己任的我们来说，应当如何来看待这些已经存在的文学思想？或者说，已经存在的中外文学理论在何种意义上才能成为我们真正的"资源"？

在我们看来，作为"资源"意义的古代与西方的文学理论重要的并不是它们已有的结论与术语、概念，而是包孕于其中的思考的智慧，是可以开启我们自己创造性思维的启示。换句话说，在中国古代与西方的文学理论形态中，作为文学思想建设基础的"文学感受"究竟是如何产生作用的，中外伟大的文学理论家们究竟是如何从他们各自的文学感受出发，以自己的方式提升和建构新的文学理性的——这才是我们最应该关心的内容。（2006 - Z，第 164 页）

总之，将对"二元对立"思维的警惕简化为对复杂文学史现象"二元对立"的判定，这既不符合历史的事实，又依然没有摆脱它所批判的对象的那种简单笼统的思维方式。（2009 - Z，第 75 页）

与人类思想史上的许多精神遗产一样，启蒙文化的传统也不仅仅是 18 世纪的一系列现实目标，"开启智慧与理性"应该是其深远的依然具有生命活力的指向。这一指向理所当然地也需要我们对人类及各民族生存问题的新的揭示，需要我们对各种异质思想文化的新的回应。正是在这个意义上，我们认为王富仁先生的"新国学"理论就是在新的历史条件下对现代启蒙文化的坚守和发展，他以对十余年来质疑启蒙、质疑五四文化传统的有力回应为基础，再一次体现了启蒙文化之于当代中国文化建设的有效性，同时也以回应中的丰富的思想，深刻地证明了这一文化自身所具有的"可持续性发展"的广阔前景。

从"国学"到"新国学"，启蒙时代的历史进程发生了转折，然而，对转折的历史最负责任的回答却是那种深刻的坚守。自然，坚守是以自我的反省为前提的。（2012 – Z，第 18 页）

我以为，在中国现代文学的考察中引入符合历史实际的国家形态的视角，不仅仅是呼应了"中国文学史"固有的秦汉—唐—宋—元明清的以国家社会形态为基础的叙述模式，而且更有利于在一个准确的时空范围内厘清中国作家的特殊人生体验、社会遭遇、政治处境以及他们所依托的文化传播方式——事实证明，恰恰是在这些对文学影响甚深的领域，中国文学因为有中华民国与中华人民共和国的存在而呈现出了一系列的重要差别。

以此区别现代与当代，似乎更为切实和有效，而且，过去"新文学""现代文学"乃至"二十世纪中国文学"的理论困难也出现了新的机遇。

民国文学，新中国文学，这能否成为未来文学史研究的新方向？（2012 – Z，第 164—165 页）

只有回到了这种体验，才能回到文学本身，从中我们可以寻找一个恰当的方法和概念来加以描述。只有这样，我们的描述才会是可靠的。否则只从社会形势变迁，从别人的概念出发，很多东西都可能是似是而非的。如何才能去除隔膜？只有回到作品本身，从中得出自己的体验和评价，不要从社会政治和概念出发。可惜今天我们很多的研究都不是这么做的，当然这也给我们新的研究留下了机会。（2012 – Z – 2，绪论第 10 页）

就是这样，本着实事求是的治史传统，我们可以尽可能朴素地返回历史的现场，勘探和发掘丰富而复杂的文学现象。实事求是，这本来是当年"民国史"负责人李新先生的愿望，他试图倡导人们从最基础的原始材料做起，清理和发现"民国"到底有哪些值得注意的史实，这样的愿望虽然在"文化大革命"的当时并不能实现，但却昭示了一代民国史学人的宝贵的学术理想。今天，文学史研究也正在经历一场重要的转型，这就是从空洞的理论焦虑中自我解放，重新返回历史，在学术的"历史化"进程中凤凰涅槃，迎来自己新的生命。

只有在这样的学术脉络中，我们才有可能洞悉"民国文学"研究的真谛，也才可能将真正学术的自觉与大众文化的潮流区分开来，为将来的文学史研究开辟新的道路。

社会的时尚是短暂的，而文学史研究的发展却有它深远的思想渊源。

大众的文化是躁动的，而我们需要的学术却是冷静的、理性的。

当下的潮流总是变动不居的，除了"民国"之热，照样还有"启蒙"的热，"党史"的热，"国学"的热……不是每一桩的"时"都可以牵动学术思想的重大演变，尽管它们可以在某种程度上相遇，也可以发生某种的对话。

一切都是如此的不同，一切本来也就是根本不同。（2012－Z，第164—165页）

从总体上看，我们倡导发掘"民国文学机制"，就是在汲取以上社会历史的批评方法各自优势的基础上实现新的学术的超越。这种超越的方式有二：

通过充分返回民国历史现场、潜入历史细节实现对各种外来理论"异质关注"的超越。无疑，我们观察、思考的诸多角度都会得益于20世纪80年代以降的"文化视角"、90年代至今的"文化研究"，还有马克思主义的社会历史批评，等等。但是，我们同时也必须返回到中国国家社会的情境——民国社会历史的具体场景之中，经过自己的体验感受到中国文学自己的问题，并以此为基础实现对外来理论中自然存在的"异质关注"的过滤，过滤之后的历史文化批评是一个最大限度地贴合于中国社会历史的细节，或者说是在中国社会历史元素的酝酿之中"再生长"的结果。

通过充分返回中国作家的精神世界、发掘其创造机能实现对文学的"外部研究"的超越，努力将"文学之内"与"文学之外"充分地结合起来。"民国文学机制"一方面要充分展示文化视角研究及文化研究的所长，但另外一方面，它又不同于纯粹的文学外部研究，"机制"不等同于"体制"和"制度"，"机制"之中除了有"体制"和"制度"因素外，还有人主观努力的因素，或者说中国作家努力实现自己创造力的因素。从"体制"的角度研究文学，我们考察的是政治、法律、经济对于文学形态（内容和形式）的影响，从"机制"的角度剖析文学，需要我们留意的则不仅是作家如何"适应"政治、法律与经济而创作，重要的还包括他们如何反抗这些政治、法律与经济而创作，并且在反抗中确立和发展自己的精神追求。民国时代的政治、经济危机促进了左翼作家的现实批判，批判现实的黑暗绝不仅仅是现实政治与经济的简单"反映"，它更是中国作家主动的、有意识的选择；民国时代的书报检查相当严苛，大批"不合时宜"的文学成为被反复扫荡的对象，但显而易见，民国文学并不是这些扫荡的残余之物，扫荡的间隙，产生了异样的"钻网"的文学，生成了倔强的呼唤自由的"魔罗诗力"。

研讨文学的民国机制，将带来中国文学历史文化研究的全新格局。（2013－5，第117页）

大文学之为"大"，除了前述的描述对象"增容"而外，其实还有着一个更加重要的意义，那就是对近现代以来作家写作态度以及文学现象之时代意义的重新衡定。在今天，随着中国近现代文学诸多历史事实的逐步澄清，我们已经越来越清晰地意识到，近现代中国作家的历史使命与近现代中国知识分子一样，等待他们关怀和解决的"问题"决不只是作为"艺术"的文学。在更多的时候，文学的问题、艺术的问题不得不纳入更大的也更为复杂的社会历史的总体发展格局之中，也就是说，在20世纪，既然文学本来就不能独善其身，那么就不妨最充分地尊重这一基本的历史事实，将文学的阐释之旅融通于寻找历史真相之旅，这里有近现代中国政治理想的真相、经济生态的真相，也有社会文化整体发展的深刻烙印。与历史对话，将赋予文学以深度；与政治对话，将赋予文学以热度；与经济对话，将赋予文学以坚韧的现实生存品格。也就是说，跨出纯粹的文学门槛，我们是在一个更广的社会文化相互联系的空间中勘定和阐释近现代中国文学的价值。这样的阐释，将使得我们过去熟悉的文学现象在新的历史语境中焕发新的价值，同时，也让一些场景被忽略的文学现象散发其耐人寻味的意义，或者，让我们能够透过一位写作者独特的智慧，发掘他介入历史，与时代对话的良苦用心。这样的话题，在过去的研究中很可能还来不及充分展开，在今天，在"大文学"的视野中，却可以理直气壮地成为最重要的学术命题。(2016 – 5，第36 页)

　　五四奠基的"民国机制"在后来逐步显示了强大的文化建设力量，甚至在某种程度上构成了对国民党专制独裁的某种制约，例如 20 世纪 20 年代后期兴起的左翼文化，这是我们现代文化史与文学史讨论的重要问题。但值得注意的是，恰恰是在国民党血腥的"清党"之后，左翼文化得到了蓬勃的发展，并且努力抵抗了专制独裁势力的绞杀迫害。左翼文化能够获得基本的生存空间，这在很大程度上也得益于自五四时代就开创出来的"民国机制"。

　　同样，中国的抗战文学之所以能包容国统区与解放区之分，而且在一定程度上还可以形成这两个不同的政治意识形态的交流与对话，是因为其本身就是根植于"民国"的社会政治格局与文化格局之中的。如果说，民国文学的基础是晚清—五四中国知识分子的文化启蒙理想（以区别于从"改造知识分子"入手的中华人民共和国文学），那么，在抗战时期，即使是另有政治主张与政治信仰的中国共产党也依然以承认这样的启蒙理想为自己公开的理论支撑。"启蒙"并没有因为"救亡"而消沉，反而借"救亡"而兴起，这就是抗战以后兴起的"新启蒙运动"。解放区、大后方、沦陷区的区域分割并没有割断这些文学的精神联系：民国之初所奠定的追求共和、民主、自由的社会文化想象，成为统摄人心、消除歧见、催人奋发的莫大力量，这样的力量与国民党的独裁无关，而是属于自晚清以来追求进步的中国知识分子的思想启蒙的伟大成果。

引入"民国机制"这一概念，我们还可以发现，作为民国专制政权的执掌者，他们试图控制文学、压抑创作自由的举动不仅始终遭到其他社会阶层的有力反抗，而且这些专制统治者自己也是矛盾重重。例如，作为国民党意识形态控制的首长的张道藩在他阐述的"文艺政策"里，我们既能读到保障社会"稳定"、加强思想控制的论述，也能读到那些对于当时文艺发展的小心翼翼的探讨、措辞谨慎的分析，甚至时有自我辩护的被动与无奈。而当这一"政策"的宣示遭到某些文艺界人士（如梁实秋）的质疑之后，他竟然又再度"退却"："干脆讲，我们提出的文艺政策并没有要政府施统治的意思，而是赤诚地向我国文艺界建议一点怎样可以达到创造适合国情的作品管见。使志同道合的文艺界同人有一个共同努力的方向。""文艺政策的原则由文艺界共同决定之后有计划的进行。"由"文艺界共同决定"当然就不是执政党的思想控制了。

十分清楚，我们所谓的"民国机制"并不属于民国政权的专制独裁者，而是根植于近代以来成长起来的现代知识分子群体，根植于这一群体对国家文化环境与国家体制的种种开创和建设，根植于孙中山等民主革命先贤的现代理想，通过对民国机制的梳理考察，将可能揭示中国现代文学发生发展的本土规律。(2010－6，第135页)

民国文学史，在没有解决自己的史观与史料的时候，实在不必匆忙上阵。在我看来，民国文学研究在今天的主要任务还是对民国社会历史中影响文学的因素展开详尽的梳理和分析，对现代文学演变中的一些关键环节与民国社会的各方面的关系加以解剖，如民国建立与新文学出现的关系、民国社群的出现与现代文学流派的形成、民国政党文化影响下的思想控制与文学控制、民国战争状态下的区域分割与文学资源再分配等，至于文学自身力量也不能解决的文学史写作难题当然更可以暂时搁置。只要我们并不急于完成一部完整系统的民国文学史，就完全可以将更多的精力放在民国文学一个一个的具体问题之上，可供我们研究的范围也完全可以集中于民国建立至中华人民共和国建立这段。我想，海峡两岸的学者都可以认定这就是"民国历史"的"典型"时期，这同样可以为两岸交流营造共同的基础。在民国文学史诞生之前，我们应该着力于历史更多更丰富的细节，对细节的了悟有助于我们历史智慧的增长，而历史智慧则可以帮助我们最终解决这样或那样的历史书写的难题。（2014－3－2，第16页）

一般人认为，这是个文化研究容易产生的"跨界"问题。但殊不知，如果借助其他社会文化现象解释文学，不断跨越文学边界进入别的领域，最终却逾越了边界而无法返回自己的学科，这个跨界就要注意了。我们常说"文史互证"来自史学家陈寅恪，而陈寅恪的文史互证严格说来是以文学现象来论证历史，这与文学研究者"借助历史理解文学"其实有很大不同。对于文学研究而言，再遥远的文化跨界终究还要返回到文学文本自身，因为文学研究最终需要解释的还是文学作品的独特性。为什么要跨界？因为中国现代文学创作所摄取、关注着的不是纯文学的艺术性，而是包含了我们各自现实需要和人生经验的内容，跨出文学而进入了完整的社会文化，这些内容可以帮助我们更加清晰细致地把握更为丰富复杂的人生经验，有助于更深入地解读文学创作现象。一句话，跨出文学的边界，最终是为了回到文学之内。或者说，"跨出"与"回返"应当成为持续互动的过程，绝非绝尘而去，不见踪迹。问题在于何以一些文学的"文化研究"最终真的"一去不返"？表面上看，这是因为学者视野不断扩大而难以收束，其实还存在这种情况：有意无意地规避现实问题，代之以理论推演的取巧。因为，陷入现实的困扰最容易令人苦恼和沮丧，相反，高架的理论倒是能赋予我们某种超脱的轻快与愉悦。

"文史对话"一方面的确推动了中国现当代文学研究逐渐走向成熟，但另一方面，它在当今学术取向上的复杂性也让人不无困惑。其实，越是成熟的学术越应展示清醒的问题意识，越是清醒的问题意识越将引导我们步入对象的深处，而不是转移开我们的视线模糊掉我们的焦点。中国现当代文学研究归根到底也是为了传达我们对于"文学"的理解和认识，再宽泛的讨论最终都是为了解决"文学"问题，再丰富的"文化研究"也要在"文学"取向上确定最基本的范围。所谓文学研究的中国道路与中国特色，都只能立足于我们对中国文学问题的切实感悟和发掘。推动学术发展的是问题本身的真实，而不是我们待克服的理论焦虑。（2016-3，第178—179页）

中国新文学自1917年一路走来，这百年历程中的一切文学现象——作家作品、文学运动、思潮、论争之种种信息，乃至影响文学发展的各种社会法规、制度、文化流俗等都可以被称作不可或缺的"史料"。对百年中国文学发展历程的所有总结回顾，首先就得立足于对"史料"的确定和梳理。史料与阐释，可以说是文学研究的两翼，前者是基础，后者则是我们的目标；而文学研究的兴起则大体上经历了这样的过程：先是对文学新作急切地介绍、解读和阐释，然后转入对周边史料文献的搜集、整理，试图借详细的史料来进一步解释文学的种种细节，再后来可能是进一步的文献辨析和作品解剖，至此便可将学术研究推向深入。（2017－2，第190页）

自然，在借助这种种之"杂"进入文学之"大"的时候，有一个学术的前提必须辨明，这就是说今天的讨论并不是要将中国文学的研究的倾向从反传统拉回头来，转入古典与传统，这样的"二元对立"式研究必须警惕。正如王富仁先生在反省现代中国学术时所指出的那样："在这个研究模式当中，似乎在文化发展中起作用的只有中国的和外国的固有文化，而作为接受这两种文化的人自身是没有任何作用的，他们只是这两种文化的运输器械，有的把西方文化运到中国，有的把中国古代的文化从古代运到现在，有的则既运中国的也运外国的，他们争论的只是要到哪里去装运。但是，人，却不是这样一部装载机，文化经过中国近、现、当代知识分子的头脑之后不是像经过传送带传送过来的一堆煤一样没有发生任何变化。他们也不是装配工，只是把中国文化和西方文化的不同部件装配成了一架新型的机器，零件全是固有的。人是有创造性的，任何文化都是一种人的创造物，中国近、现、当代文化的性质和作用不能仅仅从它的来源上予以确定，因而只在中国固有的文化传统和西方文化的二元对立的模式中无法对它自身的独立性做出卓有成效的研究"。

事实上，从单纯强调中国文学与西方的关系到今天在更大的范围内注意到古今的联系，其根本前提是我们承认了现代中国作家自由创造是第一位的，确立他们能够自由创造的主体性是第一位的，只有当我们的作家能够不分中外，自由选择之时，他们的心灵才获得了真正的创造的快乐，也只有中外文化、文学的资源都能够成为他们没有压力的挑选对象的时候，现代文学的驰骋空间才是巨大的。在鲁迅等现代作家进入"大文学"的姿态当中，我们可以比较清楚地看到这一点。（2019－5，第59页）

在今天，随着中国现当代文学诸多历史事实的逐步澄清，我们已经越来越清晰地意识到，现代中国作家与现代中国知识分子一样，等待他们关怀和解决的"问题"绝不只是作为"艺术"的文学；在更多的时候，文学的问题、艺术的问题是不得不纳入更大的也更为复杂的社会文化的整体问题框架中来加以思考的；而且问题本身的错综复杂与历史的流变繁复也使得这些问题一点也不单纯，介入和处理问题的方式也需要不断地调整，在这个时候，抽象、笼统地谈论"回到文学本身"显然也是空虚的、无的放矢的。

既不便抽象地诉求"回到文学本身"，又不能因为超逸"文学"而陷落到四不像的尴尬，那么，我们还有没有努力的方向呢？在我看来，一个可供思考的方向就是：继续回到文学，但不是那种理想化的"纯文学"，而是包含了诸多社会文化信息的"大文学"。中国现当代文学的学术未来，也许就在"回到大文学本身"。

回到大文学本身，最终体现"本身"的还是"作品"，也就是说，所有文学与社会历史的对话并不意味着我们要离弃文学作品，直接讨论现代中国的历史、政治与经济；恰恰相反，进入"文学之外"，是为了最终返回"文学之内"，这里的"内"不是抽象的本质化的事物，而是实实在在存在的文学作品本身。也就是说，对所有历史文化的考察、分析并不是要确立我们新的历史学、社会学、政治学与经济学，而是要深化和完善文学作品的"阐释学"。

回到大文学本身，我们的理性认知与感性想象知识社会学的考辨与感悟体验式的批评也有可能获得更好的结合。20世纪90年代以后的学术发展，曾经以对理性规范的强化来排除文学的感性想象，以知识论的建构质疑体验论的缺陷。其实，即便是在文学之外的最抽象的理性思辨之中，我们也难以摆脱骨子里的文学想象，反倒是不能自我承认的这种"想象"干扰了本该"不必想象"的社会科学的认知。与其让想象与感性如此扭曲地存在，不如为它们重新确立安身立命的"结构"。如果我们力主回到以作品阐释为旨归的"大文学"，那么保留和发挥我们的感性想象也就是"文学"的题中之义；与此同时，跨出"文学"的"小"，纳入"文学之外"的"大"，也让其他的思维方式与认知方法有了一席之地，让历史学、政治学、经济学等的社会科学认知模式有机会进入文学研究，弥补我们既往学术的种种不足。（2014–10，第7—8页）

"地方路径"是什么意思呢？过去我们强调中国现代文学研究是从北京上海开始，没有北京上海就没有地方，其实这个话既对也不对。对的是中国现代化的发展的确受到少数中心城市的影响，不对的地方在于所有中心城市的影响，都不能替代各个不同地方自我发展的轨迹，实际上这两条道路是同时存在的。每个地方的人们都在探索属于自己的新的生活方式，这往往是每个地方文化和文学发展的真正内在动力。我强调"地方路径"就是要把这两个力量结合起来，重新阐释中国现代文学。我认为过去纯粹以北京上海为中心的阐释，应该逐渐的和强调地方作用的姿态并存，而且后者起的作用越来越大。最近我有一系列的文章谈中国文学的地方路径问题，并且组织专栏谈论，我觉得重新发现地方的提倡是中国现代文学研究的重大转向。但是发现地方不是猎奇般的展示，比如新疆哪些作家别人还不知道今天要让大家知道，不是这个含义。发现新疆或者发现中国的任何一个地方，反过来说是因为这些地方能够重新发现中国，这就改变了过去把地方作为极其特殊的文化加以叙述的方式，转为强调地方和整个国家、民族处于不间断的对话中，在地方发现了中国，在中国又印证了地方，是在这样的层面上的新对话。某种意义上，超越了文学地理学的观念，是强调地方的深层次内容，或者说更广大意义上的凸显，我把这种研究叫作"地方路径"研究。（2020 – 3，第 48 页）

以前的区域文化和区域文学是在一个国家共同的现代化进程当中，我们有一个假设，就是：现代化首先是从少数先进地区、发达城市，比如说北京、上海首先开始的。然后他们的发展就像湖里的涟漪一样，由中心向两边进行扩散，后边的是后发达城市，区域是作为后发达城市对于先进文化的一种接收和反映，并且逐渐向更不发达的城市和区域扩展。这个思路实际上忽略了区域和城市独特的个性。那么，今天提出地方路径，实质上是提出另外一个思路，其实地方和城市也在不断地展开自己，它们也有改善自己、改变自己，去进行现代性追求的这么一种可能性和道路。那么，通过他们的发展实际上也构成了中国整体的一个特征，形成了一个总体的中国性，所以中国性实际上是一个互动的过程，其中当然有先进或者发达的外来文化向其他地区渗透和扩散的过程，但是也有这些地区自身发展的过程，两者构成了一个对流，并且在不断的交流当中构成了地方和中国的现代化。"地方路径"这种研究方式最后的落脚点是丰富我们对中国社会现代化过程当中的各种可能性、各种特点的认识，是把过去被我们忽略、遮蔽的一些特点重新展现出来，比如说现代化，并非只有一种道路或者一种模式，它可能有很多潜在的道路和模式，我想这些模式未来会成为我们现代文学研究的重要资源。（2020－3，第47页）

只要我们能将中国社会自身的近现代变动纳入视野，就有可能发现更多类似的区域演变的"地方路径"，或者更小群体所形成的"知识"，理解了各种"知识"和"路径"的特殊性，将更能体谅和把握中国现代作家抒情达志的具体内涵。中国现代文学其实就是在"主体间性"的对话，具有多姿多彩的精神格局。（2020－4，第79页）

中国现代文化与文学的发展受外来思潮的影响的确格外明显，这就逐渐给人留下了这样的印象：中国现代文学的格局，似乎主要是以向西方敞开大门来实现的，而首开风气的少数"发达"城市如上海、北京起到了举足轻重的作用。"先进"的外来文化是透过北京、上海这样的"窗口"才向内地区域逐步传播，而更次一级的区域则又是通过各区域中心城市的"再传播"来汲取信息，就这样，从西方先进文化开始，到中国少数发达的窗口城市，再到区域中心城市，最后逐级抵达边缘的区域。这就是文化现代化与文学现代进程的全过程，至于迄今也不够发达的文化区域，则是因为这种外来的先进的文化传播速度缓慢所致。

对社会文化现象的这种描述，固然在一定程度上反映出中国现代化进程的某些重要特质，但是显然忽略了一个重要的事实：不同的"地方"（哪怕是最偏远的所在）本身也是一种文化的存在，它自己也有着发展和演变的可能，至少也不会是呆板地被动地等待着外来力量的改变。能够改变某种文化形态的外来文化，最终一定会与固有的地方文化相互结合、彼此激荡才形成了"合力"。在历史大变化的过程中，所谓"地方经验"绝对不是仅仅属于偏狭地域而不能与外界分享，它本身也可能包含着促进整体变化的重要经验。也就是说，中国文化现代化的力量绝不仅仅是外来"先进"文化本身的力量或者少数发达的中国城市努力传播的力量，它同时也是各个"地方"资源激活与自我发展的结果，是许许多多的"地方"共同推进的结果。正是在这个意义上，其实并没有绝对的"边缘"和所谓歧视性的"地方"概念，任何一种边缘/中心的划分都是相对的，是立足于特定观察立场的后果，而所谓的"地方"概念实则出于与"中央"的对应，而"中央"概念本身恰恰属于大一统集权的传统体制，本身就可能是现代化进程要挑战和消解的对象。我们可以这样说，文化现代化的进程本身就是让不同的"边缘"和"地方"重新彰显自己，是否有更多的"边缘"和"地方"在这一过程中华丽转身，将它们各自的知识上升为全民族的知识，将它们各自的经验整合进国家层面的经验，正是文化现代化是否深入展开的重要标志。（2019－6，第125页）

在中国大陆，对"民国史"的关注和研究一直获得了国家层面的重视和支持。《中华民国史》的编修工作可以追溯到半个世纪以前，早于《剑桥中国史》的编写计划。1956年，在"向科学进军"及"百花齐放、百家争鸣"的热潮中，国家科学发展十二年规划中就已经列入了"民国史"的研究计划。1961年是辛亥革命50周年纪念，作为辛亥革命亲历者的董必武、吴玉章等人又提议开展民国史研究。1971年全国出版工作会议期间，周恩来总理亲自指示，将编纂民国史列入国家出版规划，具体交由中国科学院哲学社会科学部（今中国社会科学院）近代史研究所负责组织实施，由著名史学家李新先生负责统筹。由于"文化大革命"的环境所限，编写工作真正开始于 1977 年，但项目一直存在。作为民国史研究系列之一，《民国人物传》第一卷于 1978 年出版，1981 年，《中华民国史》第一卷上下两册亦由中华书局正式出版，至 2011 年辛亥革命一百周年前夕，全套《中华民国史》共 36 卷全部出齐，被称为中国出版界在近年来的一件大事。……到今天，民国史研究已经成为中国历史学的重要领域，中华民国史研究被确立为中国社会科学院重点学科也已经十多年了；致力于"民国史"研究的自然也不只有中国社会科学院一家，如南京大学、复旦大学、北京师范大学、中国人民大学等诸多学术机构都在这方面投入甚多，且颇有成就。就是一部《中华民国史》，今天也不仅有中国社会科学院牵头版，也另有南京大学版（南京大学出版社 2005 年，张宪文主编）、中国现代史学会版（四川人民出版社，2006 年）等。2000 年 9 月，南京大学中华民国史研究中心被批准为教育部普通高等学校人文社会科学重点研究基地。多年来，他们通过编辑出版《民国研究》，承担国家重点科研项目、连续举办中华民国史国际学术研讨会、不断推出大型研究丛书等方式稳健地推动着民国史的

研究。（2013 – 10，第 108 页）

　　学术研究所包含的社会情怀主要是通过对社会文化环境的缓慢的影响来实现的，它并不等于目标单纯的政治抨击，也不同于居高临下的道德训诫。就民国文学研究而言，我们如何能够在学术研究中发掘某些民国文学的发展规律，揭示某些民国作家的精神选择，阐述某些文学文本的艺术奥妙，本身就对当前的文学生态发生默默的转移，又经过文学的启迪通达我们更大的当代精神，诚如斯，学术的价值也就实现了。（2013 – 10，第 111 页）

　　在相当多的情况下，民国文学研究与现代文学研究都拥有相似的研究对象、相近的研究方法。不过，相对而言，"民国"一词突出的是国家历史的具体情态，"现代"一词连接的则是世界历史的共同进程。所以，所谓的民国文学研究理所当然就更加突出民国历史文化的视角，更自觉地从历史文化的角度来分析解剖文学的现象，倡导文学与历史的对话。鉴于民国历史至今仍然存在诸多的晦暗不明之处，对于历史的澄清和发现往往就意味着主体精神的某种解放，所以澄清外在历史真相总是能够让我们比较方便地进入人的内在精神世界之中，因而作为精神现象组成部分的文学也就得到了全新的认识。最近几年，中国现代文学研究中较有收获的一部分就是善于从民国史研究中汲取养分，诗史互证，为学术另辟蹊径，文学研究主动与历史研究对话，历史研究的启发能够激活文学研究的灵感，"民国文学"的概念赋予"现代文学"研究以新机。虽然如此，我们也应该不断反思和调整。因为，随着历史研究、文化研究在文学考察中的广泛运用，新的问题也已经出现，那就是，我们的文学阐述因此而不时滑入纯粹的历史学、社会学之中，"忘情"的历史考察有时竟令我们在远离文学的他乡流连忘返，遗忘了文学学科的根本其实还是文学作品的解释。舍弃了这一根本，模糊了学科的界限，我们其实就面临着巨大的自我挑战：面向文学的听众谈历史是容易的，就像面对历史的听众谈文学一样；但是，如果真的成了面对历史的听众谈历史，那么无疑就是学科的冒险！对此，每一位文学学科出身的学人都应该反复提醒自己：我准备好了吗？（2015－Z，第177—178 页）

作为现代文献大系统的组成部分，民国时期的文献具有特殊的抢救性价值和整理、研究价值，这可以说就是当前现代文献学研究最重要的课题。在这里，最显而易见的理由就是：作为中国现代文学载体的民国文献已经到了其生命的极限期，任何一次不经意的疏忽都可能带来致命的破坏，而这个时刻的破

坏已经没有了弥补的机会。（2019－6，第128页）

单纯强调现代文献工作应该借鉴古典文献工作还是相当不够的，因为，进入民国以后的现代文献实际上已经表现出与古典文献并不相同的特点，需要我们特别地对待和处理。例如：在文字方面，民间简体字与异体字的存在，既不同于古典文献又别于中华人民共和国成立后公布的简体字，需要进行特别的辨析。在印刷、排版、装帧方式方面，新的印刷方式（铅印）的出现，横排与竖排的并行，自左向右与自右向左的排版并存，新的装订与装帧与古代有别，对阅读和书写都带来的革命性的改变。此外，纸张与印制方式的简陋，较之于古代中国和当代中国都十分突出，这对文字的识别、文献的保存与修复都提出了特殊的要求。尤为重要的是，民国时代特殊的意识形态斗争使得文学文献的精神传达呈现出一系列的特殊性，如版本的自我篡改、政治禁忌的规避等，文学文献成为隐含着各种隐秘信息的文本，需要我们综合各种社会政治信息加以分析、挖掘。（2019－6，第128页）

同整个历史学界一样，中国文学史研究也一度成为"以论代史"的重灾区，甚至作为学科核心概念的"现代"一词也首先来自政治思想领域，与中国文学发生发展的事实本身没有关系，以致到了 20 世纪 80 年代，我们的文学博士还满怀疑惑地向学科泰斗请教"何谓现代"。20 世纪 90 年代的"现代性"知识话语让中国文学研究在概念上"与国际接轨"了，但同样没有解决"以中国术语表述中国问题"的困惑，凡此种种，好像都在一再证实"论"的重要性，于是，"以论带史"的痕迹依旧存在。(2015 – Z，第 123 页)

与文化交流中经常涉及的"知识""观念""概念"这一类东西不同，"体验"更直接地联系着我们自己的生命存在方式，包括美学趣味、文学选择在内的人类文化现象的转变，归根结底可以说就是体验——包括体验内涵与体验方式——的转变，这正是西方 20 世纪思想家与美学家的一个重要发现。现代阐释学的创立人伽达默尔曾经为我们考察过"体验"的认识史，他想通过考察提醒我们注意到体验之于我们生命存在的本体性意义，"它不是概念性地被规定的。在体验中所表现出的东西就是生命"。"每一种体验都是从生命的延续中产生的，而且同时是与其自身生命的整体相联的。"另一个德国思想家马克斯·舍勒也特别论述过"心态气质（体验结构）的现代转型比社会政治经济制度的历史转型更为根本"。当然，中国文化与文学的现代转型与舍勒所论及的具体情形并不相同，我们不必受制于这位德国学者所概括的"心态气质（体验结构)"样式，但他们对于"体验"之于主体的自我演变、又经过自我的演变决定更大范围的文化演化的认识无疑是极具启发意义的。对于任何一个现代中国人而言，"体验"都同样是我们感受、认识世界，形成自己独立人生感受的方式，也是接受和拒绝外部世界信息的方式，更是我们进行自我观照、自我选择、自我表现的精神的基础。换句话说，所谓的"中外文化交流"的问题其实并不是简单的文化观念的传递，而是在这样的一个"过程"中，中国近现代知识分子（作家）的自我体验问题——既有人生的感受又有文化的感受。在主体体验的世界里，所有外来的文化观念最终都不可能是其固有形态的原样复制，而是必然经过了主体筛选、过滤甚至改装的"理解中"的质素。中国作家最后也是在充分调动了包括这一文化交流历程中的种种体验的基础上实现了精神的新创造。正如有学者所说的那样："中国现代性的发生，是与人们（无论是精英人物还是普通民众）的现实生存体验密切相关的。这是比任何思想活动远为根本而重要的层次。现代性，归根到底是人的生存体验问题。"所谓中国现代作家对异域的体验，这样的精神现象就既有文化交流的烙印，同时也更属于主体的与自我的内在精神活动。（2018－Z－2，第8—9页）

　　关于"西川"这个词，是来源于我们一些四川的历史学家，他们对于我们川西这个地域包括成都平原、岷山这一带的历史文化的一种猜想，和对它潜在意义的一个发掘。这个发掘就是说，中国文化不仅仅是我们今天看到的中原地区首先发展，然后传播到我们西南边陲这种地方，而是就在这种地方也有自己的文化脉络，而且是十分的重要。他们证明川西也是我们中国文化非常重要的一块发源地，特别是川西的岷山，他们就认为是文化昆仑。当然，这只是一种学术观点，有很多东西还值得我们史学界进一步地讨论，并不是所有的史学家就一致同意这个观点。不过，我想史学意义上的同意不同意，这个并不是问题的全部。作为一个文化传统，它最重要的意义，不仅是实证性的，同时也是精神性的。我觉得它最大的意义就是给了我们一种精神上的启发，一种可能性，就是这样一个地方，在传统认为都是落后于中原地区，是被中原地区传播来的先进文明激发以后才能够发展起来文明的地方，其实我们有我们的根，有我们的文化脉络，那么一个现代人，如果能从这种文化想象当中被激发出一种创造力，被激发出一种不断进取的这样一种可能性，这就本身就是这个文化带给我们的价值和意义。所以说，岷山到底是不是神话中的昆仑山，还有川西平原是不是以及在多大的程度上成为这个中华文化的一个来源地，这个我觉得咱们尽可以继续论证。但是，它带给我们的，我所讨论的"西川"这个词它具有的文化含量和文化意义，这个对每个人来说，多多地体会、多多地理解、多多地阐发，一点问题都没有，因为它的最终指向是要激活我们今天的一种创造力，激发我们的一种文化的自信，我觉得这一点是非常重要。（2020－2，第31页）

征引文献

【2020】

2020 – 2 访谈《在"西川"展开我们的论述：我的学术理想——李怡教授访谈录》，《当代文坛》2020 年第 2 期。

2020 – 3 访谈《新诗的道路与现代文学丰富性的挖掘——李怡教授访谈》，《海南师范大学学报》（社会科学版）2020 年第 3 期。

2020 – 4 论文《成都与中国现代文学发生的地方路径问题》，《文学评论》2020 年第 4 期。

2020 – 7 论文《现代中国文学发展中的权力化语言》，《学术月刊》2020 年第 7 期。

【2019】

2019 – Z 代序《如何纪念王富仁先生》，《赤地立新——王富仁先生学术追思集》，北岳文艺出版社 2019 年版。

2019 – 5 论文《从"纯文学"到"大文学"：重述我们的"文学"传统——从一个角度看"五四"的文学取向》，《文艺争鸣》2019 年第 5 期。

2019 - 6 论文《边缘性、地方性与中国现代文献学的着力方向》,《四川大学学报》(哲学社会科学版) 2019 年第 6 期。

【2018】

2018 - 6 论文《〈随想录〉的"重复"与"唠叨"》,《文艺争鸣》2018 年第 6 期。

2018 - Z - 1 专著《东游的摩罗:日本体验与中国现代文学的发生》,江苏凤凰文艺出版社 2018 年版。

2018 - Z - 2 专著《日本体验与中国现代文学的发生》,江苏凤凰文艺出版社 2018 年版。

【2017】

2017 - 2 论文《百年中国新文学史料的保存、整理与研究》,《新文学史料》2017 年第 2 期。

2017 - 3 论文《启蒙告退的今天,我们如何阅读王富仁——在西川读书会上的发言》,《汉语言文学研究》2017 年第 3 期。

2017 - 7 论文《孤绝启蒙:持续与深化——王富仁先生的精神面相》,《文艺争鸣》2017 年第 7 期。

2017 - 20 访谈《重新发现文学研究的复杂与张力——李怡教授访谈录》,《创作与评论》2017 年第 20 期。

【2016】

2016 - 3 论文《文史对话与中国现当代文学研究》,《中国社会科学》2016 年第 3 期。

2016 – 5 论文《大文学视野下的近现代中国文学》,《社会科学研究》2016 年第 5 期。

2016 – 6 论文《新语文:如何在传统与现代之间"拿来"》,《探索与争鸣》2016 年第 6 期。

2016 – 12 论文《五四文学运动的"革命"话语》,《中国社会科学》2016 年第 12 期。

【2015】

2015 – Z 专著《作为方法的民国》,山东文艺出版社 2015 年版。

2015 – 2 访谈《体验的诗学与学术的道路——李怡教授访谈》,《学术月刊》2015 年第 2 期。

【2014】

2014 – Z – 1 专著《中国现代新诗与古典诗歌传统(增订三版)》,中国人民大学出版社 2014 年版。

2014 – Z – 2 专著《中国新诗讲稿》,中国人民大学出版社 2014 年版。

2014 – 3 – 1 论文《战时复杂生态与中国现代文学的成熟》,《北京师范大学学报》(社会科学版)2014 年第 3 期。

2014 – 3 – 2 论文《民国文学:阐释优先,史著缓行》,《学术月刊》2014 年第 3 期。

2014－10 论文《回到"大文学"本身》，《名作欣赏》2014 年第 10 期。

【2013】

2013－5 论文《"民国文学"与"民国机制"三个追问》，《理论学刊》2013 年第 5 期。

2013－10 论文《"民国热"与民国文学研究》，《华夏文化论坛》2013 年第 10 期。

【2012】

2012－Z 专著《被围与突围》，重庆大学出版社 2012 年版。

2012－9 论文《冯铁和他的现代文学研究——读〈在拿波里的胡同里〉》，《中国现代文学研究丛刊》2012 年第 9 期。

【2011】

2011－Z 专著《穆旦作品新编》，人民文学出版社 2011 年版。

【2010】

2010－J 论文《艾青的警戒与中国新诗的隐忧——重审艾青在"朦胧诗论争"中姿态》，《新世纪十年的回顾与反思——两岸四地第三届当代诗学论坛论文集》，中国诗歌研究中心 2010 年。

2010－6 论文《民国机制：中国现代文学的一种阐释框架》，《广东社会科学》2010 年第 6 期。

【2009】

2009 – Z 专著《被召唤的传统》，中国社会科学出版社 2009 年版。

2009 – 1 论文《"民国文学史"框架与"大后方文学"》，《重庆师范大学学报》（哲学社会科学版）2009 年第 1 期。

2009 – 3 论文《谁的五四？——论"五四文化圈"》，载《中国现代文学研究丛刊》2009 年第 3 期。

【2006】

2006 – Z 专著《现代性：批判的批判》，人民文学出版社 2006 年版。

【2005】

2005 – 6 论文《生命体验、生存感受与现代中国的文化创造——我看"新国学"的"根据"》，《社会科学战线》2005 年第 6 期。

2005 – 11 主持人语《巴金的愿望与我们的姿态——主持人语》，《西南民族大学学报》（人文社科版）2005 年第 11 期。

【2004】

2004 – Z 专著《为了现代的人生——鲁迅阅读笔记》，上海教育出版社 2004 年版。

【2002】

2002 – Z – 1 专著《阅读现代——论鲁迅与中国现代文学》，西南师范大学出版社 2002 年版。

2002－Z－2 专著《大西南文化与新时期诗歌》，西南师范大学
出版社 2002 年版。

【2001】

2001－Z－1 专著《七月派作家评传》，重庆出版社 2001 年版。

2001－Z－2 专著《现代：繁复的中国旋律：现代的诗、现代
的文学和现代的文化》，中央编译出版社 2001 年版。

【1995】

1995－Z 专著《现代四川文学的巴蜀文化阐释》，湖南教育出
版社 1995 年版。

【1994】

1994－Z 专著《中国现代新诗与古典诗歌传统》，西南师范大
学出版社 1994 年版。

【1992】

1992－3－1 论文《谜一样的生命如此凄美——读宋益乔的三
本文学传记》，《山东师大学报》（社会科学版）1992 年第
3 期。

1992－3－2 论文《外国文学教学的现状与前瞻管见》，《四川
师范学院学报》（哲学社会科学版）1992 年第 3 期。

编者后记

过去一百天的时间，借编撰此书的契机，编者系统地阅读我的老师李怡先生的著作，并在其中寻章摘句，选编成册，这是一次非常特殊也是极其重要的学习经历。

以"我的故事""人情冷暖""知人论世""大千世界""诗心雕龙""吾土吾民""百年树人""文化观察"和"学术方法"这九个分类来提纲挈领地观察李怡老师迄今的学术表达，一方面集中展示了李老师在学术之中和学术之外丰富多样的体会和探索，另一方面也期待为读者奉上一部既展示如诗的学术才情也体现真挚的个人感受的文字精选。当然，受限于编者的水平，无法面面俱到，还恭请读者朋友见谅。若能以此书为线索，使朋友们回到更全面更开阔的李怡老师的学术世界中，编者的工作就可以说是圆满完成了。

"我的故事"主要编选了李怡老师在展开学术回溯时，偶然谈及自己的童年经历、求学往事和学术生活等回忆性的文字。在此之外编者补充两则材料。一则是客观材料：青少年时代的李怡老师，曾经发表过两篇数学论文，分别是《一道平几题的证明》（李怡，重庆 70 中学生，载《数学教学通讯》1981 年第 4 期）和《一个容易被忽视的问题》（李怡，重庆八高高二学生，《数学教学通讯》1984 年第 1 期），以及刊载于《中国当代校园诗人诗选》（马朝阳编选，北京师范大学中文系五四文学社 1987 年 5 月出版发行）中的诗歌《演出之后》。这不仅是李怡老师个人独特的文化经验，还向我们吹来了 20 世纪 80 年代的文化的风。另一则材料是主观材料：李怡老师在个人的阅读经验，包括给学生著作作序的过程中，一度提到过他对科幻文学的喜爱，编者在与李怡老师的交流中发现，他对中西科幻（包括宗教与奇幻）文化不仅十分熟悉，还有诸多深入的见解，并且在李怡老师文章中，甚至引用过爱因斯坦、霍金等人的表述，这些叙述的片段都向我们展示着学者的丰富和广阔。

"人情冷暖"主要以李怡老师现实生活中的学术交往和精神生活中的人情体察类的文字为中心进行摘编，凸显了对亲人、师长、友朋乃至研究对象诚挚的关怀。值得注意的是，李怡老师的学术探索，和自己切实的生活体悟，保持着视界融合，是浑然一体的。他对于周遭人情冷暖的观察，往往融入了文学研究的视域和方法，对学术世界的研究，又从不脱离真诚的个人情绪和感受，正因此，这样的文字既有温度，又有深度。倘若有心，我们还可以换一个角度，去读一读学界前辈和学术同人们品读李怡老师著作的文字，我们会感受到，良性的学术互动、真诚的人际友爱，在这个时代，是多么的珍贵！

"知人论世"主要展示了李怡老师在学术研究中对百年中国新文学大师与中国现代文化发展的关系的精妙阐释和独特判断文字。可以说，李怡老师的学术研究依赖独特的阅读体验，强调扎实的文史对话，有独特的方法论。更重要的是，他时刻把研究对象放置在"人"的位置上，把百年中国遭遇的现实与精神的双重危机与可能作为标尺与对象进行独特而准确的价值判断，读来发人深省。

"大千世界"从时间和空间二重维度，展示了李怡老师对人与世界的关系的学术思考的片段，展示了他"诚与爱"的心灵追求和"诗与真"的学术态度；"诗心雕龙"集中了李怡老师的新诗学学术理路，有诸多创见历经岁月仍闪烁着智慧与诗性的光芒；"吾土吾民"汇集了李怡老师学术研究中展示的"传统"的再认识、"历史情态"中的文学表达、"地方路径"与文化表达以及中西文化比较等重要命题，其中饱含着热切的关怀，往往和学术史有密切的互动，可以作为理解其学术思路的"摘要"。这里挂一漏万地展示了李怡老师学术实践的过程，期望和诸君分享学术思想那无与伦比的魅力和面对实际的能力。

"百年树人""文化观察"和"学术方法",分别从教育视角、批评视野和学术方向探索这三个角度,对李怡老师的相关阐述进行整理。遗憾的是,作为李怡老师教育工作的对象和受益者,我们获得的许多教益和启迪,无法在编选文字中说尽。师生的深厚情谊和学术的自觉传承自不必说,李怡老师对基础教育的关切,对学术与人生的诸多精妙的解说,和那些在讲堂、茶馆、农家庭院以及山水之间有意无意透露的点点哲思,甚至谈笑间的片语只言,都是他"百年树人"的有机组成。幸运的是,李怡老师教育的思想,随着他的学生、学生的学生的成长,不断落地生根,开花结果。批评视野和学术方向的文摘编选,是希望为读者呈现学术研究跳动的脉搏和学术发展延展的脉络,这里面的许多命题,仍然在李怡老师和诸多同道的共同耕耘和开拓中,不断丰富和发展着。

在编选中,编者时而为精彩的文字击节赞叹,时而仰取俯拾那些思想的片段以获取力量,时而在真挚的书写中感到心灵的涤荡。我们许多朋友,都交流过近似的感受,在学术乏力时,在遭遇种种"困境"时,在自我怀疑时,回到李怡老师的文字中,都能获得莫大的新的前行的动力。这里选出的文字,是李怡老师思考的一部分,是我们乐于并能够与诸君分享的。李怡老师还有许多在课堂内外偶然流露的思想片段,以他独特的激情与温暖，照亮了许多人的精神世界。每次李老师在云端举行讲座，我们都会看到，天南地北或者已成为"知名学者"的，或暂时离开文学研究在其他行业工作的同学，动情地在直播间表达自己的感动，还有因有课有事，错过讲座的朋友，会多方打听，寻找录音。我想，这些同学朋友不仅是对中国现代文学研究抱有极大的热情，更是期待通过李老师充满个人体悟的文学研究和激情却不失理性的文化力量，来激活自己的生活。希望通过此书，把我们的感受传递给更多的读者朋友。

　　编选这本书是希望为李怡老师学术思想绘制地图，读者朋友如乐意观赏更壮阔瑰丽的风景，可由此书找到线索并自由探索。选编过程中出现的任何疏漏和不足，实为编辑本人的水平有限，还请读者朋友们包涵。

李俊杰

2021 年 10 月于成都温江

当代名家论语丛书

《曹顺庆论中国话语》

《赵毅衡论意义形式》

《金惠敏论文化现象学》

《李怡论诗与史》

《龚鹏程论中华文化》